LE VOYAGE DU PÈLERIN

JOHN BUNYAN

TABLE DES MATIÈRES

1. Conversion d'une âme vraiment réveillée	1
2. Le Bourbier du Découragement	6
3. Le Sage mondain – La loi	10
4. Sinaï – L'Evangéliste	13
5. La porte étroite – L'Interprète	18
6. Continuation, Passion et patience	21
7. Le fardeau tombe, 3 hommes endormis, côteau des difficultés	27
8. Sommeil, Timide et Défiant, palais plein de beauté	32
9. Agréable réception du Chrétien	35
10. Suite, Entretien religieux	39
11. Suite, Curiosités du lieu, Départ	42
12. Combat avec Apollyon	45
13. La vallée de l'ombre de la mort	49
14. Le Fidèle	52
15. Son histoire, La volupté, Le premier Adam, Moïse	56
16. Suite du récit du Fidèle, La Honte	60
17. Le Chrétien de paroles	64
18. Suite, Entretien sur l'oeuvre de la grâce dans le coeur de l'homme	68
19. Nouvelle rencontre avec l'Evangéliste, Encouragements et prédictions	73
20. La Foire de la vanité	76
21. Suite, Procès et heureuse fin du Fidèle	80
22. L'Espérant, Intérêt personnel	84
23. L'Ami du monde, l'Ami de l'argent et le Rapace	87
24. Le côteau du Gain, Démas, Beau paysage	91
25. Le château du Doute et le géant Désespoir	96
26. Continuation, Heureuse délivrance	99
27. Les aimables collines, Aveugles, Enfer, Illumination	103
28. L'Ignorant, Un apostat, Le Faible en la foi	107
29. Continuation	110
30. Maure vêtu de blanc, L'Athée, Le terroir enchanté	115
31. Histoire de la conversion de l'Espérant	120
32. Continuation, Autre entretien avec l'Ignorant, Justification par la foi en Jésus	126
33. Conversation sur la crainte de Dieu et ceux qui abandonnent la foi	131
34. Belle contrée, avant-goûts du ciel, Passage du grand fleuve	135
35. Entrée dans les cieux	139
36. Conclusion – L'Ignorant manque son salut. Avertissement au lecteur	142

1

CONVERSION D'UNE ÂME VRAIMENT RÉVEILLÉE

Fausse conversion d'une âme qui ne se repose pas solidement sur Christ.

Comme je voyageais par le désert, j'arrivai dans un lieu où il y avait une caverne. Je m'y couchai pour prendre un peu de repos, et, m'étant endormi, je vis en songe un homme vêtu d'habits sales et déchirés:

Esaïe 64 : 6 - Nous sommes tous comme des impurs, Et toute notre justice est comme un vêtement souillé; Nous sommes tous flétris comme une feuille, Et nos crimes nous emportent comme le vent.

Il était debout [tout prêt à agir, sorti du sommeil de la sécurité] et tournant le dos à sa propre maison:

Luc 9 : 62 - Jésus lui répondit : Quiconque met la main à la charrue, et regarde en arrière, n'est pas propre au royaume de Dieu.

Luc 14 : 26 - Si quelqu'un vient à moi, et s'il ne hait pas son père, sa mère, sa femme, ses enfants, ses frères, et ses soeurs, et même sa propre vie, il ne peut être mon disciple. ²⁷ Et quiconque ne porte pas sa croix, et ne me suit pas, ne peut être mon disciple.

Il avait un livre à la main, et il était chargé d'un pesant fardeau:

Psaumes 38 : 5 - Car mes iniquités s'élèvent au-dessus de ma tête; Comme un lourd fardeau, elles sont trop pesantes pour moi. ⁶ Mes plaies sont infectes et purulentes, Par l'effet de ma folie.

Je vis ensuite qu'il ouvrit le livre et qu'il y lisait.

Bientôt il se mit à pleurer et à trembler, de sorte qu'étant tout effrayé, il s'écria d'un ton triste et plaintif: "Que faut-il que je fasse?":

Actes 16 : 30 - il les fit sortir, et dit : Seigneurs, que faut-il que je fasse pour être sauvé ?

Dans cet état il retourna chez lui, et se contraignit, aussi longtemps qu'il lui fut possible, devant sa femme et ses enfants, de peur qu'ils ne s'aperçussent de son angoisse. Mais comme sa tristesse augmentait de plus en plus:

2 Corinthiens 7 : 10 - En effet, la tristesse selon Dieu produit une repentance à salut dont on ne se repent jamais, tandis que la tristesse du monde produit la mort.

Il ne put se contenir longtemps; ainsi il leur découvrit bientôt ce qu'il avait sur le coeur et leur dit:
- Ma chère femme, et vous, mes chers enfants, que je suis misérable et que je suis à plaindre! Je suis perdu, et le pesant fardeau qui m'accable est la cause de ma perte. J'ai d'ailleurs un avertissement certain que cette ville où nous habitons va être embrasée par le feu du ciel:

2 Pierre 3 : 7 - tandis que, par la même parole, les cieux et la terre d'à présent sont gardés et réservés pour le feu, pour le jour du jugement et de la ruine des hommes impies.

2 Pierre 3 : 10 - Le jour du Seigneur viendra comme un voleur; en ce jour, les cieux passeront avec fracas, les éléments embrasés se dissoudront, et la terre avec les oeuvres qu'elle renferme sera consumée. [11] Puisque donc toutes ces choses doivent se dissoudre, quelles ne doivent pas être la sainteté de votre conduite et votre piété,

Et que les uns et les autres, moi, et vous, ma chère femme, et vous, mes chers enfants, nous serons misérablement enveloppés tous ensemble dans cet épouvantable embrasement, si nous ne trouvons un asile pour nous mettre à couvert; or, jusqu'ici je n'en vois aucun.
Ce discours surprit au dernier point toute sa famille:

1 Corinthiens 2 : 14 - Mais l'homme animal ne reçoit pas les choses de l'Esprit de Dieu, car elles sont une folie pour lui, et il ne peut les connaître, parce que c'est spirituellement qu'on en juge.

Non pas qu'elle y ajoutât foi, mais parce qu'on s'imagina que cet homme avait le cerveau troublé, et qu'il s'était mis des pensées creuses dans l'esprit. Toutefois, dans l'espérance que son cerveau pourrait se remettre par le repos, parce que la nuit approchait, ils se hâtèrent de le mettre au lit.
Mais, au lieu de dormir, il ne fit, presque toute la nuit, que soupirer et verser des larmes. Quand le matin fut venu, ils voulurent savoir comment il se portait. Il leur dit que son état allait de mal en pis, et leur réitéra encore ce qu'il avait dit la première fois. Mais, bien loin de faire quelque impression sur eux, cela ne servit qu'à les irriter. Il s'imaginèrent même qu'ils pourraient le faire changer en usant de rigueur; de sorte qu'ils commencèrent à le mépriser et à le quereller; puis ils l'abandonnèrent à lui-même sans se mettre plus en peine de lui:

Matthieu 10 : 34 - Ne croyez pas que je sois venu apporter la paix sur la terre; je ne suis pas venu apporter la paix, mais l'épée. ³⁵ Car je suis venu mettre la division entre l'homme et son père, entre la fille et sa mère, entre la belle-fille et sa belle-mère; ³⁶ et l'homme aura pour ennemis les gens de sa maison. ³⁷ Celui qui aime son père ou sa mère plus que moi n'est pas digne de moi, et celui qui aime son fils ou sa fille plus que moi n'est pas digne de moi; ³⁸ celui qui ne prend pas sa croix, et ne me suit pas, n'est pas digne de moi. ³⁹ Celui qui conservera sa vie la perdra, et celui qui perdra sa vie à cause de moi la retrouvera.

Aussi s'enferma-t-il dans sa chambre afin de prier pour eux comme aussi pour déplorer sa propre misère. Quelquefois il allait se promener seul dans la campagne, tantôt lisant, tantôt priant, et c'est ainsi qu'il passait la plus grande partie de son temps.

Il arrivait aussi qu'en allant par la campagne, les yeux fixés, selon sa coutume, sur son livre, il était extrêmement en peine., et j'entendis qu'en lisant il s'écria tout haut comme auparavant: "Que faut-il que je fasse pour être sauvé?".

Je remarquai d'ailleurs qu'il tournait les yeux, tantôt d'un côté tantôt de l'autre, comme un homme qui cherche à s'enfuir; cependant il ne quittait point la place, parce qu'apparemment il ne savait où aller.

Dans ce moment, je vis un homme, dont le nom était Évangéliste, qui s'approcha de lui et qui lui demanda pourquoi il poussait des cris si lamentables.

- Monsieur, lui répondit-il, je vois par le livre que j'ai entre les mains que je suis condamné à la mort, et qu'ensuite je dois comparaître en jugement:

Hébreux 9 : 27 - Et comme il est réservé aux hommes de mourir une seule fois, après quoi vient le jugement,

Je ne saurais me résoudre à la première, et ne suis nullement préparé au dernier:

Ezéchiel 22 : 14 - Ton coeur sera-t-il ferme, tes mains auront-elles de la force dans les jours où j'agirai contre toi ? Moi, l'Eternel, j'ai parlé, et j'agirai.

L'Évangéliste - Comment ne pouvez-vous pas vous résoudre à la mort, puisque cette vie est mêlée de tant de maux?

Le Chrétien - C'est que je crains que le fardeau que je porte ne me fasse enfoncer plus bas que le sépulcre, et ne me précipite jusqu'au fond des enfers. Or, Monsieur, si je ne suis pas seulement en état de souffrir la prison, combien moins pourrais-je soutenir le jugement et en subir l'exécution? Voilà ce qui me fait pousser tant de gémissements.

L'Évangéliste - Si tel est votre état, pourquoi en demeurez-vous là?

- Hélas! répondit le Chrétien, je ne sais où aller.

Là-dessus l'Évangéliste lui donna un rouleau de parchemin où étaient écrites ces paroles: "Fuyez la colère à venir" (Matthieu 3:7). Le chrétien lut ce rouleau, et aussitôt il demanda à l'Évangéliste, en le regardant tristement : - Où est-ce donc qu'il faut fuir?

Alors l'Évangéliste étendant la main, lui dit: - Voyez-vous bien, de ce côté là, une petite porte étroite?

Matthieu 7 : 13 - Entrez par la porte étroite. Car large est la porte, spacieux est le chemin qui mènent à la perdition, et il y en a beaucoup qui entrent par là.

Cet homme lui répondit: - Non.

L'Évangéliste lui dit: - Ne voyez-vous pas, du moins, une lumière brillante au milieu de l'obscurité?

- Il me semble, répliqua-t-il, que je la vois.

- Eh bien! dit l'Évangéliste, attachez uniquement les yeux sur cette lumière:

Psaumes 119 : 105 - Ta parole est une lampe à mes pieds, Et une lumière sur mon sentier.

Marchez droit vers elle, et alors vous verrez bientôt la porte étroite. Quand vous heurterez, on vous dira ce que vous aurez à faire.

Alors le Chrétien se mit à courir. Mais il n'était pas encore fort éloigné de la porte de sa maison, que sa femme et ses enfants lui crièrent qu'il revint sur ses pas. Mais lui, sans se retourner, se boucha aussitôt les oreilles en s'écriant: La vie, la vie, la vie éternelle!

Matthieu 16 : 26 - Et que servirait-il à un homme de gagner tout le monde, s'il perdait son âme ? ou, que donnerait un homme en échange de son âme ?

Et sans se retourner, il se hâtait de traverser la plaine.

Ses voisins étant sortis pour les voir, les uns se moquaient de lui, les autres le menaçaient; quelques-uns lui criaient qu'il rebroussât chemin. Il en eut même deux qui entreprirent de le poursuivre et de le ramener de force dans sa maison. Le premier se nommait l'Obstiné, et l'autre Facile; et bien que cet homme eût beaucoup d'avance sur eux, ils ne se rebutèrent point, et firent tant qu'ils l'atteignirent.

Alors il leur dit: - Mes chers voisins, pourquoi me poursuivez-vous?

- C'est, répondirent-ils, pour vous persuader de revenir sur vos pas avec nous.

- Mais, répliqua le voyageur, c'est impossible. Vous demeurez dans le ville de Corruption, où je suis né aussi bien que vous (Romains 5:12), et si vous y mourez, vous serez tôt ou tard précipités plus bas que le sépulcre, dans une étang ardent de feu et de soufre. Prenez donc courage, mes chers voisins, et faites plutôt le voyage avec moi.

L'Obstiné - Comment! avec vous? Abandonner tous nos amis et renoncer à tous nos plaisirs!

Le Chrétien - Oui, sans doute, parce que rien de ce que vous laisserez n'est à comparer à la moindre partie de ce que je cherche, et si vous voulez venir avec moi et m'accompagner jusqu'au bout, vous aurez les même avantages, car le pays où je vais est un pays de richesse et d'abondance. Hâtez-vous donc, et vous éprouverez la vérité de ce que je vous dis.

L'Obstiné - Qu'est-ce donc que vous cherchez, et qui vous oblige à renoncer à tout pour l'obtenir?

Le Chrétien - Je cherche un héritage qui ne peut ni se corrompre, ni se souiller, ni se flétrir, et qui est dans les cieux pour ceux qui le recherchent avec soin et avec persévérance. Lisez, si vous voulez, toutes ces choses dans mon livre.

L'Obstiné - Bagatelles! bagatelles! Voulez-vous rebrousser chemin avec nous ou ne le voulez-vous pas?

Le Chrétien - Non, non; je n'en ferai rien. J'ai mis une fois la main à la charrue: malheur à moi si je regarde en arrière!

L'Obstiné - Venez donc, mon voisin Facile; retournons-nous-en et laissons-le aller. Il y a certaines têtes qui se croient plus sages que les autres, et qui, ayant une fois conçu quelque chose dans leur imagination, suivent opiniâtrement leur idée et s'imaginent être infaillibles.

Facile - Ne regardez pas ces choses avec tant d'indifférence; car si ce que Chrétien nous dit est véritable, les choses qu'ils cherchent sont préférables à celles auxquelles nous nous attachons, et je sens quelque penchant à la suivre.

L'Obstiné - Qui! encore d'autres fous! Croyez-moi, retournons-nous-en. Tout ceci n'est point sage, et les lumières d'une saine raison doivent nous conduire à tout autre chose. qui sait où cet écervelé pourra vous mener? Rebroussez, rebroussez chemin, et soyez sage une bonne fois.

Le Chrétien - Joignez-vous plutôt à moi, voisin Facile; car tous les biens dont je vous ai parlé nous attendent, et d'autres plus excellents encore. si vous ne voulez pas me croire, lisez ce livre et vous connaîtrait la vérité: tout ce qui y est contenu est confirmé et scellé avec le sang de Celui qui l'a fait:

Hébreux 9 : 17 - Un testament, en effet, n'est valable qu'en cas de mort, puisqu'il n'a aucune force tant que le testateur vit.

Hébreux 9 : 21 - Il fit pareillement l'aspersion avec le sang sur le tabernacle et sur tous les ustensiles du culte.

Facile - Eh bien! voisin Obstiné, je suis résolu à m'en aller avec le Chrétien et à éprouver le même sort que lui.

L'Obstiné - Mais, mon cher ami, savez-vous bien le chemin de ce lieu tant désiré?

Le Chrétien - Un nommé Évangéliste m'a ordonné de gagner une petite porte qui est là devant nous, où l'on nous enseignera le chemin qui doit nous conduire plus loin.

Facile - Allons donc, mon cher compagnon, allons!

C'est ainsi qu'ils continuèrent ensemble leur chemin.

- Pour moi, dit l'Obstiné, je retourne dans ma maison, et je ne veux point être le compagnon de semblables visionnaires.

2

LE BOURBIER DU DÉCOURAGEMENT

Craintes qui viennent assiéger l'âme quand elle n'en est encore qu'au sentiment de ses péchés. Celui qui n'a eu qu'un commencement de conversion ne sait se délivrer de ces craintes qu'en retournant à son train précédent.

L'Obstiné s'étant donc retiré, je vis le Chrétien et son compagnon Facile qui marchaient dans cette vaste plaine, et j'entendis qu'ils s'entretenaient de cette manière:

- Eh bien! voisin Facile, dit le Chrétien, comment vous trouvez-vous? Je me réjouis de ce que vous êtes disposé à venir avec moi. Si l'Obstiné avait senti la valeur de l'invisible et l'effroi qu'inspire l'inconnu, il ne nous aurait pas aussi facilement tourné le dos.

Facile - Mais, mon cher voisin, puisque nous sommes seuls ici, racontez-moi un peu plus, je vous prie, quelles sont les choses que nous cherchons, et comment nous pouvons en être rendus participants.

Le Chrétien - Je les comprends bien mieux que je ne puis les exprimer; toutefois, puisque vous le souhaitez, je vous en lirai quelque chose.

Facile - Croyez-vous donc que les paroles contenues dans votre livre soient des vérités certaines?

Le Chrétien - Oui, sans doute, car tout nous dit qu'il a été fait par Celui qui ne peut mentir:

Tite 1 : 2 - lesquelles reposent sur l'espérance de la vie éternelle, promise dès les plus anciens temps par le Dieu qui ne ment point,

Facile - Voilà qui est bien; mais quelles sont ces choses?

Le Chrétien - C'est un héritage incorruptible, un royaume éternel, pour la jouissance duquel une vie éternelle nous est donnée.

Facile - Oh! quelle félicité!
Le Chrétien - Il y a des couronnes de gloire et des vêtements resplendissants comme le soleil dans le firmament:

Matthieu 13 : 43 - Alors les justes resplendiront comme le soleil dans le royaume de leur Père. Que celui qui a des oreilles pour entendre entende.

2 Timothée 4 : 8 - Désormais la couronne de justice m'est réservée; le Seigneur, le juste juge, me la donnera dans ce jour-là, et non seulement à moi, mais encore à tous ceux qui auront aimé son avènement.

Facile - Ah! que cela est charmant! Continuez.
Le Chrétien - Dans ce lieu-là, il n'y a aucune tristesse, ni cri, ni deuil car Celui qui y règne essuiera toutes larmes de nos yeux:

Esaïe 35 : 10 - Les rachetés de l'Eternel retourneront, Ils iront à Sion avec chants de triomphe, Et une joie éternelle couronnera leur tête; L'allégresse et la joie s'approcheront, La douleur et les gémissements s'enfuiront.

Apocalypse 7 : 16 - ils n'auront plus faim, ils n'auront plus soif, et le soleil ne les frappera point, ni aucune chaleur. 17 Car l'agneau qui est au milieu du trône les paîtra et les conduira aux sources des eaux de la vie, et Dieu essuiera toute larme de leurs yeux.

Facile - Nous nous trouverons sans doute dans une société bien belle et bien heureuse?
Le Chrétien - Nous y serons avec les Chérubins et les Séraphins, qui sont des créatures si glorieuses que nos yeux en seront éblouis. Nous y rencontrerons des milliers de personnes qui y sont entrées avant nous, dont chacune est revêtue d'une sainteté parfaite et remplie d'un amour ardent pour ses frères. Chacun de ses êtres se tient sans cesse en la présence du Seigneur, plein de joie. Il nous est parlé d'anciens couronnés, que nous y verrons:

Apocalypse 4 : 4 - Autour du trône je vis vingt-quatre trônes, et sur ces trônes vingt-quatre vieillards assis, revêtus de vêtements blancs, et sur leurs têtes des couronnes d'or.

De vierges pures avec leurs harpes d'or, d'hommes qui ont été sciés, brûlés, déchirés par les bêtes féroces, et noyés dans la mer pour l'amour du Seigneur, tous bienheureux et revêtus d'immortalité.

Hébreux 11 : 37 - ils furent lapidés, sciés, torturés, ils moururent tués par l'épée, ils allèrent çà et là vêtus de peaux de brebis et de peaux de chèvres, dénués de tout, persécutés, maltraités,

Facile - L'éclat de cette gloire est suffisant pour ravir les coeurs. Mais comment faut-il s'y prendre pour l'obtenir?
Le Chrétien - Le Souverain l'a déclaré dans ce livre, où il est dit que si quelqu'un désire avec sincérité de les avoir, il les lui donnera certainement:

Jean 8 : 17 - Il est écrit dans votre loi que le témoignage de deux hommes est vrai;

Jean 6 : 29 - Jésus leur répondit : L'oeuvre de Dieu, c'est que vous croyiez en celui qu'il a envoyé.

Facile - Que je suis ravi, mon cher compagnon, d'entendre ces choses! Hâtons-nous. Un tel bonheur mérite bien que nous redoublions nos efforts.

Le Chrétien - Le fardeau dont je suis chargé ne me permet pas de me hâter autant que je le désirerais.

Ici je vis dans mon songe qu'aussitôt qu'ils eurent cessé de parler, ils tombèrent tous deux dans un bourbier fangeux qui était au milieu de la plaine. Ils ne s'étaient pas assez tenus sur leurs gardes. Le nom de ce bourbier est "le bourbier du Découragement". Il y demeurèrent enfoncés pendant quelques temps et furent fort incommodés de cette boue. Le Chrétien surtout, à cause du pesant fardeau dont il était chargé, faillit y être étouffé.

- Ah! voisin Chrétien, s'écria alors Facile, où êtes-vous?
- Hélas! répondit le Chrétien, je n'en sais rien en réalité.

Facile commença alors à s'inquiéter, à se chagriner et à s'emporter : - Est-ce là, disait-il à son compagnon, le bonheur dont vous venez de me dire tant de merveilles? Si, dès le commencement de notre voyage, nous faisons une si mauvaise rencontre, que n'avons-nous pas à attendre dans la suite, avant que nous soyons parvenus à la fin de notre pèlerinage? Ah! si seulement je puis sauver ma vie d'ici, je vous laisserai bien ce bel héritage à vous seul ...

Là-dessus il se débattit deux ou trois fois avec de grands efforts, se tira ainsi à grand-peine du bourbier et sortit du côté qui regardait sa maison, vers laquelle il prit incontinent sa course, de sorte que le Chrétien ne le revit plus, et se trouva seul dans le bourbier du Découragement. Il s'y débattait de toutes ses forces et tâchait d'en sortir du côté opposé de sa maison; mais il n'en pouvait venir à bout à cause de son pesant fardeau.

Alors je vis un homme dont le nom est Secours qui s'approcha de lui et lui demanda ce qu'il faisait là.

Le Chrétien - Une personne qui se nomme l'Évangéliste m'avait ordonné de suivre ce chemin pour arriver à la porte qui est là devant nous, afin de fuir la colère à venir. Et comme je m'y acheminais, je suis tombé ici, comme vous voyez.

Secours - Pourquoi ne regardiez-vous pas aux traces des promesses?

(Et en effet, je vis des traces qui menaient tout droit, sans le moindre obstacle, au but proposé).

Le Chrétien - La crainte me pressait si fort que j'ai perdu de vue le bon chemin. C'est ainsi que je suis tombé dans ce bourbier.

- Donnez-moi la main, lui dit Secours.

Et ayant pris le Chrétien par la main, il le tira dehors et le mit sur un terrain ferme et solide, en lui commandant de poursuivre son voyage.

Alors le Chrétien s'approcha de son libérateur et lui dit: - Seigneur, puisqu'en sortant de la ville de Corruption il faut passer par ce chemin pour venir à cette porte étroite qui est si éloignée, pourquoi ne comble-t-on pas cette fosse, afin que les pauvres voyageurs puissent passer plus sûrement?

- Ce chemin fangeux, répondit Secours, est un endroit qu'on ne peut raccommoder, parce qu'est l'égout où s'écoule continuellement l'écume et l'ordure que jette la conviction du péché. C'est pour cela qu'il est nommé le bourbier du Découragement, car lorsque le pécheur se réveille à la vue de son état de perdition, il est presque impossible qu'il ne s'élève dans son âme une nuée de frayeurs et de doutes qui lui livrent mille assauts. Ils lui font perdre courage, et, s'unissant tous ensemble, ils viennent tomber dans ce lieu-ci.

Cependant ce n'est pas l'intention du roi que ce passage demeure si mauvais. Ses ouvriers travaillent déjà depuis plus de 18 siècles à le réparer et à le rendre praticable. On a déjà employé des millions d'exhortations et d'instructions en tous temps et en tous lieux pour y faire une digue; et ce sont là les matériaux les plus propres à cette réparation. Avec tout cela le bourbier du Découragement subsiste et subsistera toujours, quelque précaution qu'on y apporte.

Il est vrai que, par les soins du Souverain, on y a mis des matières solides pour que le chemin fût ferme sous les pas des voyageurs. Mais il y a certains temps où ce lieu jette ses impuretés avec plus d'abondance, ce qui arrive ordinairement lorsque le temps change. Et alors, les traces de ce chemin sont fort difficiles à découvrir; ou, si on les découvre, la tête tourne aux voyageurs et cela leur fait manquer le chemin, de sorte qu'ils tombent dans la boue malgré ces traces. Mais le terrain est ferme dès qu'on a franchi la porte.

Je vis aussi que lorsque Facile fut de retour dans sa maison, ses voisins vinrent lui rendre visite. Quelques-uns d'entre eux disaient qu'il avait été un homme sage d'être ainsi revenu. Mais il y en avait d'autres qui disaient qu'il avait été bien fou de se hasarder à se mettre en chemin avec le Chrétien. Il y en avait même quelques-uns qui se moquaient de lui, et qui déclaraient qu'il était un grand poltron: "Oh!" disaient-ils, "puisque vous aviez si bien commencé, il ne fallait pas vous rebuter pour si peu de chose. Si j'avais été à votre place, j'aurais continué mon chemin".

Luc 14 : 29 - de peur qu'après avoir posé les fondements, il ne puisse l'achever, et que tous ceux qui le verront ne se mettent à le railler, [30] en disant : Cet homme a commencé à bâtir, et il n'a pu achever ?

Ainsi le pauvre Facile était tout honteux parmi eux. Enfin, pourtant il reprit courage. Il se mit au-dessus de leurs railleries, et les moqueurs le laissèrent en repos tandis qu'ils dirigèrent leurs moqueries à l'égard du pauvre Chrétien.

3

LE SAGE MONDAIN – LA LOI

L'âme effrayée du sentiment de ses péchés veut presque toujours, au premier abord, essayer de se sauver par son obéissance à la loi de Dieu; mais quand elle vient à l'essayer sérieusement, elle en découvre l'effrayante impossibilité.

Cependant le Chrétien poursuivait son chemin et il rencontra en marchant un homme qui venait au-devant de lui, de sorte qu'ils se trouvèrent en face l'un de l'autre dans le même chemin. C'était un gentilhomme, nommé le Sage-Mondain, qui faisait sa demeure dans une ville appelée la Sagesse Charnelle, grande ville voisine de celle où le Chrétien habitait auparavant.

Cet homme ayant rencontré le Chrétien dont il avait ouï parler (car sa sortie hors de la ville de Corruption avait fait du bruit de toute part), et ayant connu, à sa démarche triste, à ses soupirs et à ses gémissements, ce qui se passait en lui, commença à lui parler en ces termes:

- Qu'est ceci, mon cher ami? Où pensez-vous aller avec un si pesant fardeau?

Le Chrétien - Hélas! que vous avez raison de dire que mon fardeau est pesant! Jamais personne n'en a porté un plus accablant. Si vous me demandez encore où je vais, je vous dirai que je m'achemine vers la porte étroite qui est là devant moi, et où, selon que j'en ai été informé, on doit m'enseigner le chemin que je dois suivre pour être déchargé de ce même fardeau.

Le Sage-Mondain - Avez-vous une femme et des enfants?

Le Chrétien - Oui, mais je suis tellement accablé sous mon fardeau que je ne puis plus y prendre plaisir. Il me semble que j'ai une femme comme si je n'en n'avais point:

1 Corinthiens 7 : 31 - et ceux qui usent du monde comme n'en usant pas, car la figure de ce monde passe.

Le Sage-Mondain - Voulez-vous me croire? Je vous donnerai un bon conseil.

Le Chrétien - S'il est bon, je le veux bien, car j'ai maintenant très-grand besoin d'un bon conseil.

Le Sage-Mondain - Le conseil que j'ai à vous donner est de vous décharger vous-même sans délai de ce fardeau, car sans cela vous n'aurez jamais aucun repos dans votre âme et vous n'obtiendrez jamais la bénédiction de Dieu.

Le Chrétien - C'est à cela même que j'aspire. Je cherche à être délivré de ce faix accablant. Mais, hélas! je ne puis le faire moi-même. Il n'y a personne dans nos contrées qui puisse m'en décharger, et c'est pour cela que je me suis mis en chemin. Mais il me semble apercevoir que vous-mêmes, malgré les conseils que vous me donnez, vous êtes aussi chargé d'un énorme fardeau semblable au mien. Il est vrai que vous le portez avec aisance, et que vous ne paraissez même pas vous en apercevoir.

Le Sage-Mondain - Que me dites-vous là? Je n'ai point de fardeau, moi! D'ailleurs, c'est de vous que nous parlons. Dites-moi qui vous a conseillé de prendre ce chemin pour être délivré de ce poids accablant?

Le Chrétien - C'est un homme fort vénérable qu'on nomme l'Évangéliste.

Le Sage-Mondain - C'est un très-mauvais conseiller. Il n'y a point de chemin si dangereux et si fâcheux dans le monde que celui qu'il vous a montré, comme vous l'éprouverez bientôt si vous suivez son conseil. Au reste, il vous est déjà arrivé, à ce que je vois, divers malheurs. Je remarque la boue du bourbier du Découragement attachée à votre corps. Or, ce bourbier n'est encore que le commencement des incommodités qu'ont à essuyer ceux qui suivent cette route. Croyez-moi, je suis plus âgé que vous: vous trouverez dans ce chemin des douleurs, des fatigues, la faim, le péril, la nudité, l'épée, les lions, les ténèbres, enfin la mort même et une infinité d'autres maux encore. C'est là la pure vérité confirmée par beaucoup de témoignages. A quoi bon, pour obéir à autrui, se jeter soi-même inconsidérément dans un labyrinthe de maux?

Le Chrétien - Comment, monsieur? Ce fardeau que j'ai sur le dos me cause bien plus de frayeurs que toutes les choses que vous venez de nommer. Et quelques disgrâces qui puissent m'arriver, elles me seront peu de chose pour vu que je puisse obtenir le soulagement que je désire.

Le Sage-Mondain - Comment avez-vous commencé à sentir ce fardeau?

Le Chrétien - Par la lecture de ce livre que j'ai entre les mains.

Le Sage-Mondain - Je le crois bien. Il vous est arrivé comme à plusieurs autres esprits faibles qui, ayant voulu trop approfondir les choses, sont tombés subitement dans le trouble dont vous êtes agité. Et cette manie rend non-seulement les hommes inhumains et misanthropes, comme je m'aperçois qu'il vous arrive, mais elle leur fait entreprendre des choses impossibles, dans l'espérance d'obtenir je ne sais quoi.

Le Chrétien - Pour moi, ce que je prétends obtenir, c'est le soulagement de mon fardeau.

Le Sage-Mondain - Quel soulagement voulez-vous chercher dans cette route où vous n'avez à attendre que mille dangers? Au lieu que je puis vous instruire, si vous voulez m'écouter patiemment, d'un moyen sûr pour obtenir ce que vous désirez avec tant d'ardeur, sans encourir aucun des dangers qui vous menacent dans le chemin où vous êtes. Oui, ce moyen est entre vos mains. Ajoutez à cela qu'à la place de ces incommodités auxquelles vous vous exposez, vous y trouverez beaucoup de douceur et de contentement.

Le Chrétien - Je vous prie, Monsieur, apprenez-moi donc ce secret.

Le Sage-Mondain - Je le veux bien. Dans un bourg nommé le bourg de la Morale habite un homme très vertueux dont le nom est le Loi, et qui a la réputation de pouvoir délivrer les hommes du fardeau qui vous presse. Je sais qu'il a fait beaucoup de bien à cet égard. Il a même la capacité de guérir ceux à qui ce fardeau à causé quelque renversement d'esprit. C'est pourquoi je vous conseille d'aller tout droit à lui, et vous trouverez bientôt du soulagement. Sa maison n'est pas éloignée. Si vous ne le trouvez pas lui-même chez lui, il a un fils nommé l'Honnêteté qui est un charmant jeune homme. Celui-ci peut vous aider autant que le vieux gentilhomme. C'est là que vous trouverez le soulagement de votre fardeau. Et si vous n'avez pas dessein de retourner chez vous - comme aussi je ne vous le conseille pas -, vous pouvez mander votre femme et vos enfants, et les faire venir auprès de vous dans le bourg, où il y a maintenant assez de maisons vacantes et où vous pourrez en avoir une à un prix raisonnable. Les vivres sont aussi fort bons et à bon compte. Et ce qui rendra votre vie encore plus heureuse, c'est que vous y jouirez de beaucoup d'estime et de crédit parmi vos bons voisins.

Le Chrétien, s'étant arrêté un moment pour délibérer sur tous ces avantages si précieux, prit tout à coup la résolution de s'y rendre. "S'il en est ainsi", disait-il en lui-même, "Comme ce gentilhomme l'assure, je ne saurais mieux faire que de suivre son conseil". Sur l'instant, il lui demanda le chemin qui conduisait à la maison de ce vieux gentilhomme.

- Voyez-vous bien, dit la Sage-Mondain, cette haute montagne?
- Oui, très bien, répondit le Chrétien.
- C'est à cette montagne que vous devez aller, lui dit le Sage-Mondain; et la première maison que vous trouverez est la sienne.

4

SINAÏ – L'EVANGÉLISTE

L'âme effrayée par la pensée de la sainteté de la loi de Dieu, apprend que cette loi, par cela même qu'elle est sainte, bien loin de nous sauver, ne fait que nous condamner; et elle a son recours à l'Evangile de grâce.

Ainsi le Chrétien continua son chemin vers la maison du seigneur le Loi, espérant y trouver le secours dont il avait besoin. Mais comme il approchait de la montagne, elle lui parut si haute et si escarpée, et le côté qui le regardait penchait tellement sur lui, qu'il crut qu'elle allait fondre sur sa tête. Ainsi, il s'arrêta tout court, n'osant avancer davantage, et son fardeau lui parut plus pesant et plus insupportable que quand il était dans son chemin.

Romains 7 : 7 - Que dirons-nous donc ? La loi est-elle péché ? Loin de là ! Mais je n'ai connu le péché que par la loi. Car je n'aurais pas connu la convoitise, si la loi n'eût dit : Tu ne convoiteras point. ⁸ Et le péché, saisissant l'occasion, produisit en moi par le commandement toutes sortes de convoitises; car sans loi le péché est mort.

Romains 7 : 13 - Ce qui est bon a-t-il donc été pour moi une cause de mort ? Loin de là ! Mais c'est le péché, afin qu'il se manifestât comme péché en me donnant la mort par ce qui est bon, et que, par le commandement, il devînt condamnable au plus haut point.

Galates 3 : 10 - Car tous ceux qui s'attachent aux oeuvres de la loi sont sous la malédiction; car il est écrit : Maudit est quiconque n'observe pas tout ce qui est écrit dans le livre de la loi, et ne le met pas en pratique.

Il sortait aussi de la montagne des éclairs et des flammes si épouvantables qu'il craignait d'en être dévoré.

Toutes ces choses ensemble faisaient sur lui une si forte impression qu'il tremblait, s'affligeant amèrement d'avoir suivi le conseil du Sage-Mondain.

Dans cette perplexité, il vit venir à lui l'Evangéliste; à son approche la rougeur lui monta au visage. L'Evangéliste s'étant approché de plus près, et le regardant avec indignation, lui dit d'un ton sévère:

- Que faites-vous ici Chrétien?

A cette parole, le Chrétien eut la bouche fermée, ne sachant que lui répondre.

L'Evangéliste continuant, lui dit encore:

- N'est-ce pas vous que j'ai rencontré il y a déjà quelques temps, devant les murailles de la ville de Corruption, si affligé et si éploré?

Le Chrétien, après avoir hésité quelques temps à cause du trouble de son âme, répondit enfin:

- Oui, monseigneur, c'est moi-même.

L'Evangéliste - Ne vous ai-je pas adressé au chemin qui conduit à la porte étroite?

Le Chrétien - Oui, monseigneur.

L'Evangéliste - Cependant vous n'y êtes plus; comment donc vous en êtes-vous détourné?

Le Chrétien - Aussitôt après être sorti du bourbier du Découragement, j'ai rencontré un gentilhomme qui m'a engagé à passer dans le bourg que nous voyons devant nous, m'assurant que j'y trouverais quelqu'un qui me délivrerait de mon fardeau.

L'Evangéliste - Quel était cet homme?

Le Chrétien - Il paraissait être un homme de considération, et il m'a dit tant de choses qu'il m'a enfin persuadé de venir jusqu'ici. Mais lorsque j'ai considéré le penchant affreux de cette montagne, je me suis arrêté tout court, de peur qu'elle ne me tombât sur la tête.

L'Evangéliste - Que vous disait donc ce gentilhomme?

Le Chrétien raconta alors tout à propos de la conversation qu'il avait eue avec le Sage-Mondain, l'égarement où il était ensuite tombé, et toutes ses suites fâcheuses.

L'Evangéliste lui dit d'un ton grave:

- Arrêtez-vous un peu, jusqu'à ce que je vous aie mis sous les yeux la Parole de Dieu.

Le Chrétien se tint là devant lui tout tremblant. L'Evangéliste, continuant, lui dit:

- Prenez garde que vous ne rejetiez celui qui vous parle; car si ceux qui méprisaient celui qui parlait sur la terre n'ont point échappé, nous serons punis beaucoup plus, si nous nous détournons de celui qui parle des cieux:

Hébreux 12 : 25 - Gardez-vous de refuser d'entendre celui qui parle; car si ceux-là n'ont pas échappé qui refusèrent d'entendre celui qui publiait les oracles sur la terre, combien moins échapperons-nous, si nous nous détournons de celui qui parle du haut des cieux,

Le juste vivra de foi; mais si quelqu'un se retire, mon âme ne prend point plaisir en lui:

Hébreux 10 : 38 - Et mon juste vivra par la foi; mais, s'il se retire, mon âme ne prend pas plaisir en lui.

Il lui fit ensuite l'application de ces paroles, disant:
- C'est là le malheur où vous êtes tombé. Vous avez commencé à mépriser le conseil du Très-Haut, et à retirer vos pieds du sentier de la paix, et cela au péril de votre âme. Comment échapperez-vous, si vous négligez le grand salut qui vous est offert?

A ces mots, le Chrétien tomba comme mort au pied de l'Evangéliste, en s'écriant:
- Malheur à moi, je suis perdu!

Mais l'Evangéliste, le voyant dans cet état, le prit par la main droite et lui dit:
- Tous les péchés et les blasphèmes seront pardonnés aux hommes. Ne sois pas incrédule, mais fidèle.

Ces paroles donnèrent un peu de courage au Chrétien, qui se releva tout tremblant et se tint debout comme auparavant en la présence de l'Evangéliste qui continua à lui parler ainsi:
- Prenez désormais plus soigneusement garde aux paroles que je viens de vous dire. Souvenez-vous que ce Sage-Mondain est ainsi nommé parce qu'il ne suit que les maximes du monde et la doctrine qui peut le mettre à couvert de la croix, et qu'il est affectionné aux choses de la terre. De là vient qu'il cherche à renverser mes voies, quelque bonnes qu'elles soient. Quant au conseil qu'il vous a donné, il y a trois choses dangereuses que vous devez rejeter.

Premièrement, vous devez fuir le conseil qu'il vous a donné de vous détourner du chemin où vous étiez. Vous devez même détester l'acquiescement que vous y avez donné parce que c'est rejeter le conseil de Dieu pour complaire à un sage selon le monde. Le Seigneur dit: "Efforcez-vous d'entrer par la porte étroite:

Luc 8 : 24 - Ils s'approchèrent et le réveillèrent, en disant : Maître, maître, nous périssons ! S'étant réveillé, il menaça le vent et les flots, qui s'apaisèrent, et le calme revint.

- savoir, par la porte à laquelle je vous ai adressé - car la porte est étroite et le chemin est étroit qui mène à la vie, et il y en a peu qui le trouvent". C'est de cette porte et du chemin qui y conduit que ce méchant homme a voulu vous détourner, tellement qu'il s'en est peu fallu qu'il ne vous ait jeté dans la perdition. Détestez donc sa séduction, et ayez honte d'avoir été capable de suivre son conseil.

Deuxièmement, vous devez aussi rejeter son conseil parce qu'il a voulu vous éloigner de la croix et qu'il a essayé de vous la faire paraître fâcheuse et insupportable, au lieu que vous devez la préférer à tous les trésors. Le Roi de gloire a déclaré que:

Luc 9 : 24 - Car celui qui voudra sauver sa vie la perdra, mais celui qui la perdra à cause de moi la sauvera.

Et que:

Luc 14 : 26 : Si quelqu'un vient à moi, et s'il ne hait pas son père, sa mère, sa femme, ses enfants, ses frères, et ses soeurs, et même sa propre vie, il ne peut être mon disciple.

De sorte que, si quelqu'un veut nous persuader que vous trouverez la mort là où vraiment vous trouverez la vie éternelle, vous devez rejeter une telle doctrine.

Troisièmement, vous devez détester la faute que vous avez commise de mettre le pied dans le chemin qui conduit à la servitude et à la mort (car tel est le chemin des oeuvres quand on prétend avoir le salut par elles). Et, pour cet effet, vous devez considérer qui est celui à qui le Sage-Mondain vous a adressé et combien il était incapable de vous décharger de votre fardeau; car celui à qui il vous a envoyé pour en recevoir du soulagement est un homme qui se nomme Docteur de la Loi, un fils de la servante ou de l'esclave, laquelle est dans l'esclavage avec ses enfants:

> *Galates 4 : 21 - Dites-moi, vous qui voulez être sous la loi, n'entendez-vous point la loi ? ^{22} Car il est écrit qu'Abraham eut deux fils, un de la femme esclave, et un de la femme libre. ^{23} Mais celui de l'esclave naquit selon la chair, et celui de la femme libre naquit en vertu de la promesse. ^{24} Ces choses sont allégoriques; car ces femmes sont deux alliances. L'une du mont Sinaï, enfantant pour la servitude, c'est Agar, - ^{25} car Agar, c'est le mont Sinaï en Arabie, -et elle correspond à la Jérusalem actuelle, qui est dans la servitude avec ses enfants. ^{26} Mais la Jérusalem d'en haut est libre, c'est notre mère; ^{27} car il est écrit : Réjouis-toi, stérile, toi qui n'enfantes point ! Eclate et pousse des cris, toi qui n'as pas éprouvé les douleurs de l'enfantement ! Car les enfants de la délaissée seront plus nombreux Que les enfants de celle qui était mariée. ^{28} Pour vous, frères, comme Isaac, vous êtes enfants de la promesse; ^{29} et de même qu'alors celui qui était né selon la chair persécutait celui qui était né selon l'Esprit, ainsi en est-il encore maintenant. ^{30} Mais que dit l'Ecriture ? Chasse l'esclave et son fils, car le fils de l'esclave n'héritera pas avec le fils de la femme libre. ^{31} C'est pourquoi, frères, nous ne sommes pas enfants de l'esclave, mais de la femme libre.*

Ce qui nous est mystérieusement représenté par la montagne de Sinaï dont vous avez eu tant de frayeur. Or, si la loi est esclave, elle et tous ses enfants, c'est-à-dire tous ceux qui veulent encore vivre sous son règne, comment pourrait-elle vous affranchir? La loi est incapable de vous délivrer de votre fardeau. Nul homme n'a jamais été soulagé par elle et jamais cela n'arrivera.

> *Galates 3 : 11 - Et que nul ne soit justifié devant Dieu par la loi, cela est évident, puisqu'il est dit : Le juste vivra par la foi.*

Au contraire, elle provoque la colère, et elle ne fait que donner à l'homme que la connaissance et le sentiment de son mal, sans y remédier et sans lui donner les forces de faire mieux.

> *Romains 4 : 15 - parce que la loi produit la colère, et que là où il n'y a point de loi il n'y a point non plus de transgression.*

> *Romains 3 : 20 - Car nul ne sera justifié devant lui par les oeuvres de la loi, puisque c'est par la loi que vient la connaissance du péché.*

C'est pourquoi le Sage-Mondain est le plus grand des trompeurs. Ce Docteur de la Loi n'enseigne qu'une doctrine morte, et son fils l'Honnêteté, quoiqu'il paraisse homme de bien, n'est qu'un hypocrite qui ne peut aucunement vous servir. Croyez-moi, tous trois ensemble, ils sont incapables de vous conduire au salut. Mais, si vous suivez constamment mes instructions, vous parviendrez infailliblement au port heureux de l'éternité.

L'Evangéliste ayant dit ces choses éleva la voix et prit le ciel à témoin pour confirmation de ce qu'il venait de dire. Et soudain une voix se fit entendre de la montagne au pied de laquelle le Chrétien se trouvait. Il sortit une flamme de feu qui lui fit hérisser les cheveux, et cette voix tonnante fit retentir ces paroles à ses oreilles: "Tous ceux qui font les oeuvres de la loi sont sous la malédiction: car il est écrit: Maudit est quiconque n'observe pas tout ce qui est écrit dans le livre de la loi, et ne le met pas en pratique.

Galates 3 : 10 - Car tous ceux qui s'attachent aux oeuvres de la loi sont sous la malédiction; car il est écrit : Maudit est quiconque n'observe pas tout ce qui est écrit dans le livre de la loi, et ne le met pas en pratique.

Ici le Chrétien n'attendait autre chose que la mort, et il commença à gémir pitoyablement, maudissant l'heure dans laquelle il avait rencontré le Sage-Mondain, en se traitant mille fois de fou et d'insensé pour avoir prêté l'oreille à ses conseils. Il était aussi fort confus, quand il fut revenu à lui-même, de ce que les raisons de cet homme, qui néanmoins ne procédaient que de la chair et du sang, eussent eu assez d'ascendant sur lui pour lui faire quitter le bon chemin.

Après cela, il se tourna de nouveau du côté de l'Evangéliste et lui dit:

- Mon seigneur, que vous en semble? Y a-t-il encore quelque espérance pour moi? Puis-je bien encore retourner sur mes pas et marcher vers la porte étroite? Ne serai-je point rejeté honteusement pour cette faute? Je suis en grande perplexité là dessus. Ah! ce péché me sera-t-il pardonné?

L'Evangéliste répondit:

- Vos péchés sont très-grands, car vous avez fait deux maux: vous avez abandonné le bon chemin, et cela pour entrer dans une voie défendue. Cependant, prenez courage. L'homme que vous trouverez à la porte vous recevra encore volontiers, car il a beaucoup de compassion envers les hommes. Mais, ajouta-t-il, prenez garde que vous ne vous détourniez plus ni à droite ni à gauche, de peur que vous ne périssiez hors de la droite voie pour peu que la colère vint s'allumer:

Psaumes 2 : 12 - Baisez le fils, de peur qu'il ne s'irrite, Et que vous ne périssiez dans votre voie, Car sa colère est prompte à s'enflammer. Heureux tous ceux qui se confient en lui !

Sur cela, le Chrétien se disposa à retourner sur ses pas, et l'Evangéliste, après l'avoir embrasé et lui avoir montré un visage souriant, lui souhaita un heureux voyage.

Ainsi, il se mit à courir en grande diligence, sans s'amuser à dire un seul mot à ceux qu'il rencontrait et marcha comme un homme qui se trouve sur une terre défendue, ne se croyant point en sûreté qu'il ne fût rentré dans le chemin qu'il avait quitté pour suivre le conseil de Sage-Mondain.

5

LA PORTE ÉTROITE – L'INTERPRÈTE

L'âme arrive à la porte étroite qui s'ouvre sur le chemin qui conduit à la vie éternelle.

Au bout de quelques temps, il arriva à la porte sur laquelle était cette inscription: "Heurtez, et il vous sera ouvert":

Matthieu 7 : 7 - Demandez, et l'on vous donnera; cherchez, et vous trouverez; frappez, et l'on vous ouvrira.

Il heurta donc à diverses reprises, disant en lui-même: "Ah! si je puis entrer ici, quel bienfait pour un méchant et un rebelle qui n'a mérité que l'enfer! Dussé-je y être accablé de peines, je célébrerai à jamais la gloire du Souverain de Sion, et je lui en témoignerai une reconnaissance éternelle".

Enfin, une honnête personne, nommée Bon-Vouloir, se présenta à la porte et demanda qui il était, d'où il venait et ce qu'il voulait.

Le Chrétien - C'est un pauvre pécheur travaillé et chargé qui vient de la ville de Corruption, et qui voyage vers la montagne de Sion pour éviter la colère à venir. C'est pourquoi je vous conjure de bien vouloir m'accorder l'entrée de cette porte, puisqu'on m'a assuré que c'est le chemin où il faut nécessairement passer.

Bon-Vouloir - Je le veux de tout mon coeur.

Et, en même temps, il ouvrit la porte. Mais comme le Chrétien voulait y entrer, il le tira par la manche. Là-dessus le Chrétien lui demanda ce qu'il avait à lui dire. - Regardez, dit-il: il y a là un château très-fort dont Béelzébul est le maître. C'est de là qu'il décoche, avec ses adhérents, ses traits enflammés sur ceux qui s'acheminent à cette porte pour tâcher de les tuer, s'il était possible, avant qu'ils y soient entrés.

- Je me réjouis, dit le Chrétien, et en même temps je tremble.

Comme il fut entré par la porte, le portier lui demanda qui l'y avait adressé.

Le Chrétien - C'est l'Évangéliste qui m'a commandé de heurter ici et, en même temps, il m'a assuré que vous voudriez bien me dire ce que je dois faire ensuite.

Bon-Vouloir - Voilà devant vous une porte ouverte que nul ne peut fermer.

Le Chrétien - Maintenant je commence à moissonner le fruit de mes peines passées.

Bon-Vouloir - Mais d'où vient que vous venez ainsi seul?

Le Chrétien - Parce qu'aucun de mes voisins n'a vue, comme moi, le danger auquel ils sont exposés.

Bon-Vouloir - Quelques-uns ont-ils su que vous vouliez faire ce voyage?

Le Chrétien - Oui. Ma femme et mes enfants ont été les premiers qui m'ont vu partir.

Et là-dessus il récita au portier tout ce qui lui était arrivé: comment ses voisins l'avaient poursuivi, sa rencontre avec Sage-Mondain, la frayeur qu'il avait eue du mont Sinaï et la manière dont l'Évangéliste l'avait redressé. - Maintenant, ajouta-t-il, me voici par la bonté de Dieu. Mais, hélas! plus digne encore d'être écrasé par cette même montagne que de m'entretenir avec vous. Quel bonheur pour moi d'être parvenu jusqu'ici!

Bon-Vouloir - Nous ne faisons aucune différence entre les hommes. Quelques méchants qu'ils soient et quelques crimes qu'ils aient commis avant de venir ici, on ne rejette personne. C'est pourquoi, cher Chrétien, entretenons-nous encore un peu ensemble et je vous instruirai du chemin que vous devrez ensuite prendre. Regardez devant vous; voilà votre chemin. Il est frayé par les patriarches, par les prophètes, par Jésus Christ et ses apôtres. Il est aussi droit que s'il était tiré au cordeau. Voilà la route que vous devez suivre sans y chercher aucun détour.

Le Chrétien - Mais ce chemin est-il bien sûr et ne peut-on point s'égarer?

Bon-Vouloir - Oui, vraiment, il y a des sentiers détournés; mais ils sont encore plus bas. Ils sont tortus et larges, et c'est à cause de cela que vous devez bien prendre garde pour discerner le bon chemin du mauvais. Je vous le répète, le bon chemin est toujours droit au cordeau et étroit.

Je remarquai aussi que le Chrétien lui demanda s'il ne pourrait point le délivrer de son fardeau, car jusque-là il n'avait jamais pu s'en décharger malgré tous ses efforts.

- Quant à votre fardeau, lui répondit Bon-Vouloir, portez-le jusqu'à ce que vous soyez arrivé au lieu de la Délivrance; alors il tombera de lui-même de dessus votre dos.

Sur cela, le Chrétien se disposa à continuer son voyage. Il prit congé de Bon-Vouloir. Celui-ci lui recommanda, quand il aurait fait un bout de chemin, de heurter à la porte d'une maison qu'il trouverait sur sa route, et lui dit qu'il verrait là des choses merveilleuses. Le Chrétien prit congé de son ami, qui lui souhaita un bon voyage, et, continuant son chemin, il arriva à la maison de l'Interprète. Il heurta plusieurs fois à la porte jusqu'à ce que quelqu'un vint répondre et lui demander qui il était.

- Je suis, dit le Chrétien, un pauvre voyageur. Je cherche des instructions pour mon voyage. J'ai été adressé ici par une personne qui connaît le maître de la maison.

Celui qui avait répondu à la porte appela alors le maître qui vint recevoir le Chrétien en lui demandant ce qu'il souhaitait.

- Monseigneur, dit le Chrétien, je viens de la ville de Corruption et je vais à la montagne de Sion. Celui qui se tient à la porte sur le chemin m'a dit que si je venais ici vous me feriez voir des choses merveilleuses qui me seraient très utiles pour mon voyage.

- Entrez, lui dit l'Interprète, je veux vous montrer ce que vous demandez.

Après avoir commandé à son serviteur d'allumer une chandelle, il ordonna au Chrétien de le suivre, et le mena dans un appartement particulier. Le Chrétien y découvrit d'abord un portrait admirable. C'était un homme dont les yeux étaient élevés vers le ciel, qui avait en sa main l'Écriture Sainte et la loi de vérité sur ses lèvres, le monde était derrière lui. Il semblait à son attitude qu'il plaidât avec les hommes et une couronne d'or était suspendue sur sa tête.

Le Chrétien demanda de qui était ce portrait.

- Cet homme, répondit l'Interprète, est un entre mille. Il peut engendrer des enfants, être en travail pour les enfanter, et il les nourrit lui-même après les avoir mis au monde:

1 Thessaloniciens 2 : 7 - mais nous avons été pleins de douceur au milieu de vous. De même qu'une nourrice prend un tendre soin de ses enfants,

Galates 4 : 19 - Mes enfants, pour qui j'éprouve de nouveau les douleurs de l'enfantement, jusqu'à ce que Christ soit formé en vous,

Quant à ce que vous le voyez ayant les yeux élevés vers le ciel, l'Écriture en sa main, la loi de vérité sur les lèvres et plaidant avec les hommes, c'est pour signifier que son oeuvre ne consiste pas seulement à connaître les choses cachées, mais aussi à les exposer aux pécheurs. Le monde derrière lui et une couronne suspendue sur sa tête vous montrent qu'il méprise les choses présentes pour servir uniquement son Seigneur, assurées d'avoir la gloire du siècle à venir pour récompense.

J'ai voulu vous faire voir ce tableau avant toutes choses, parce que celui qu'il représente est le seul à qui le Seigneur de la cité céleste ait donné le pouvoir d'être votre escorte dans tous les endroits périlleux que vous aurez à traverser. C'est pourquoi prenez bien garde à ce que je viens de vous montrer, et conservez fidèlement dans votre mémoire ce que vous avez vu, de peur que dans votre voyage vous ne tombiez entre les mains de certaines gens qui se vanteront peut-être de bien te conduire, mais dont les sentiers mènent à la mort.

6

CONTINUATION, PASSION ET PATIENCE

L'âme convertie découvre une multitude d'idées nouvelles et salutaires.

Il le prit ensuite par la main et le mena dans un grand cabinet tout rempli de poussière, qui n'avait jamais été balayé. Et après que le Chrétien l'eut un peu parcouru des yeux, l'Interprète appela un homme pour le nettoyer. Mais dès les premiers coups de balai, il s'éleva de toutes parts une telle quantité de poussière que le Chrétien en fut presque étouffé. Ce que l'Interprète ayant remarqué, il ordonna à une jeune fille qui se trouvait là d'apporter de l'eau et d'en arroser la chambre, qui fut ainsi nettoyée promptement et facilement. Le Chrétien demanda ce que cela signifiait.

- Ce cabinet, dit l'Interprète, représente le coeur d'un homme qui n'a encore jamais été sanctifié par la grâce de l'Evangile. La poussière, c'est le péché naturellement attaché à sa nature, qui souille l'homme tout entier depuis la plante des pieds jusqu'au sommet de la tête. Celui qui a balayé le premier c'est la Loi, mais la personne qui a apporté de l'eau et qui a arrosé le cabinet représente la grâce de l'Evangile. Vous avez vu que, l'homme a commencé à balayer, la poussière s'est élevée de tous côtés sans que la place ait pu être nettoyée, et que la poussière a failli vous étouffer. Ceci nous montre que la loi, bien loin de purifier le coeur de l'homme, ne fait que rendre le péché plus vivant et plus puissant; de sorte que, plus elle le découvre et le défend, plus elle l'augmente en réalité; car elle ne donne pas les forces pour le surmonter.

Romains 7 : 13 - Ce qui est bon a-t-il donc été pour moi une cause de mort ? Loin de là ! Mais c'est le péché, afin qu'il se manifestât comme péché en me donnant la mort par ce qui est bon, et que, par le commandement, il devînt condamnable au plus haut point.

Cette jeune personne qui est venue arroser et qui, par ce moyen, a réussi à nettoyer complètement la chambre, vous offre une image de l'Evangile, qui répand ses douces influences dans le coeur. Sous son action, le vice est abattu et surmonté (comme la poussière l'a été par l'eau dont on a arrosé la chambre). Par la foi en l'Evangile, le coeur est purifié et mis en état d'hériter le royaume des cieux.

Je vis ensuite que l'Interprète prit le Chrétien par la main et le mena dans une petit cabinet, où il y avait deux jeunes enfants: l'aîné se nommait Passion, et l'autre Patience. Les traits de Passion portaient l'empreinte du mécontentement, mais Patience offrait l'image de la paix.

Le Chrétien demanda ce qui donnait à Passion l'air qu'il avait.

L'Interprète lui répondit: - C'est que le Maître veut qu'il attende les meilleures choses jusqu'à l'année prochaine, et lui, il veut les avoir tout de suite, tandis que Patience veut bien attendre.

Alors je vis que quelqu'un s'approcha de Passion avec un sac rempli de choses précieuses qu'il vida à ses pieds. Il les ramassa d'abord avec un extrême plaisir, et commença à mépriser Patience et à le railler. Mais je remarquai qu'en peu de temps il eut dissipé tout cela tellement qu'il ne lui en resta presque plus rien.

- Ah! Je vous prie, dit le Chrétien à l'Interprète, expliquez-moi ces choses encore un peu plus.

L'Interprète lui répondit: - Passion est l'image des hommes de ce siècle, et Patience est la figure des hommes qui vivent dans la foi et dans l'attente du monde à venir. Comme vous avez vu que passion veut tout avoir cette année, c'est-à-dire dans ce monde, il en est de même de tous les mondains: ils veulent jouir de tous les biens dans cette vie; ils ne peuvent pas attendre jusqu'à l'année prochaine, c'est-à-dire jusqu'au siècle à venir, pour y recevoir de Dieu leur portion. Ce proverbe commun: "Un oiseau dans la main vaut mieux que deux dans le bocage", leur tient plus à coeur que tous les témoignages que Dieu nous as donné sur la certitude des biens à venir. Vous avez vu Passion consumer tout en peu de temps, sans qu'il lui en soit resté autre chose que quelques mauvais restes. C'est pour montrer ce qui arrivera à tous les hommes à la fin de ce monde.

Le Chrétien - Je vois maintenant que Patience est incomparablement plus sage que l'autre, et cela pour deux raisons. Premièrement parce qu'il regarde à des biens infiniment meilleurs. Deuxièmement parce qu'il ne restera à l'autre que la honte et la confusion.

L'Interprète - Votre réflexion est très juste; mais vous pouvez encore ajouter à cela que la gloire du siècle à venir ne se flétrira jamais, tandis que tout le reste passe dans un instant. C'est pourquoi Passion n'a pas tant de sujet de se moquer de Patience que celui-ci en aurait de se moquer de lui; car Passion a ses biens le premier, au lieu que Patience jouira des siens à la fin. Le premier fait place au dernier parce que le dernier a son temps qui est à venir, tandis que le premier ne laisse personne qui puisse le suivre. Suivant cela, il faut que celui qui doit le premier jouir de sa portion ait un certain temps limité pour le dépenser, mais celui qui obtient sa part le dernier la gardera le dernier. C'est ainsi qu'il fut dit au mauvais riche:

> *Luc 16 : 25 - Abraham répondit : Mon enfant, souviens-toi que tu as reçu tes biens pendant ta vie, et que Lazare a eu les maux pendant la sienne; maintenant il est ici consolé, et toi, tu souffres.*

- Je comprends, en effet, s'écria le Chrétien, que le meilleur n'est pas de jouir des choses présentes, mais d'attendre et de fixer sa vue sur les choses à venir.

- Vous dites la vérité, répondit l'Interprète;

2 Corinthiens 4 : 18 - parce que nous regardons, non point aux choses visibles, mais à celles qui sont invisibles; car les choses visibles sont passagères, et les invisibles sont éternelles.

Toutefois, bien que la chose soit telle, les choses présentes et nos inclinations charnelles sont si étroitement liées, et les choses invisibles ont si peu de rapport avec nos inclinations naturelles, que nous nous attachons très facilement aux premières, et que nous avons toujours de l'éloignement pour celles-ci.

Je vis après cela que l'Interprète prit le Chrétien par la main et qu'il le mena dans un lieu où il y avait du feu allumé contre une muraille, et quelqu'un qui y versait continuellement de l'eau pour l'éteindre; cependant le feu s'allumait toujours davantage et poussait encore plus haut ses flammes.

- Que signifie cela? dit le Chrétien.

- Ce feu, répondit l'Interprète, est l'oeuvre de la grâce dans le coeur de l'homme. Celui qui y verse continuellement de l'eau pour tâcher de l'éteindre, c'est le diable. Cependant il arrive, comme vous le voyez, que le feu s'allume toujours davantage et devient plus ardent; vous allez en voir la cause.

Là-dessus, il le fit tourner et le mena de l'autre côté de la muraille, où il vit quelqu'un qui tenait un vaisseau plein d'huile en sa main, et qui versait secrètement et sans discontinuer dans le feu.

- Que signifie encore cela? dit le Chrétien.

- C'est Christ, répondit l'Interprète, qui répand sans cesse l'huile de sa grâce dans le coeur pour entretenir l'oeuvre qu'il y a déjà commencée. Voilà ce qui fait que les âmes qu'il s'est acquises montrent toujours en elles l'oeuvre de la grâce, malgré tout ce que la diable peut entreprendre pour l'empêcher. S'il se tient derrière la muraille pour entretenir ce feu, c'est pour enseigner que, dans les grandes tentations, on a souvent beaucoup de peine à voir comment l'oeuvre de la grâce est entretenue dans une âme.

Ensuite l'Interprète prit le Chrétien par la main et le conduisit dans un lieu de plaisance où il y avait un palais magnifique et fort agréable à voir. Je vis aussi quelques personnes qui marchaient sur le faîte du palais, vêtues d'habillements d'or.

Le Chrétien demanda à l'Interprète s'il lui serait permis aussi d'y entrer. Et je vis à cette porte une grande multitude de gens qui témoignaient, à leur contenance, en avoir un grand désir; mais ils n'osaient pas. Il y avait également un homme assis derrière une table placée un peu à côté de la porte, ayant devant lui une écritoire et un livre pour inscrire tous ceux qui devaient y entrer. Je vis encore que sur la porte il y avait plusieurs hommes armés, avec dessein de tuer ceux qui tenteraient de forcer le passage.

Sur cela, le Chrétien parut tout consterné. Mais comme presque tous reculèrent par la crainte de ces gens armés, je vis un homme, qui paraissait d'une valeur extraordinaire, monter vers celui qui était assis à cette table, et lui dire: "Ecris mon nom". Cela accompli, il ceignit une épée et mit un casque sur sa tête, se tourna droit vers la porte, en se jetant avec un courage intrépide sur les hommes armés, qui, de leur côté, le reçurent avec une fureur sans égale. Mais cet homme, sans perdre courage, fendit la foule de ses ennemis en frappant à droite et à gauche; de sorte qu'après avoir reçu plusieurs blessures, et après avoir, de son côté, blessé ses ennemis, il passa au milieu d'eux et pénétra jusque dans le palais. A l'instant on entendit un cantique qu'entonnèrent ceux qui se promenaient sur le faîte du palais, et dont voici les paroles.

> *Courage! Entrez dans ce palais de gloire!*
> *C'est ici le séjour de l'immortalité,*
> *Où vous allez jouir du fruit de la victoire*
> *Pendant toute l'éternité.*

Dès que cet homme fut entré, il fut vêtu d'un habit magnifique comme tous les autres. Et le Chrétien commença un peu à sourire, disant: - Il me semble que je pourrais dire sans me tromper, ce que cela signifie. Laisse-moi aller là-dedans.

- Non, dit l'Interprète, attendez un peu jusqu'à ce que je vous aie montré d'autres choses; après quoi vous pourrez continuer promptement votre voyage.

Sur cela il le mena dans une grotte de fer fort obscure, où était assis un homme qui paraissait fort triste. Il avait les yeux baissés contre terre et les mains jointes, soupirant si amèrement qu'il semblait que son coeur allait se briser.

- Qu'est-ce que cela? dit le Chrétien.
- Demandez-le à cet homme lui-même, répondit l'Interprète.

Le Chrétien lui demanda donc qui il était.

- Je suis, répondit-il ... ce que je n'étais pas auparavant.
- Et qui étiez-vous donc auparavant? dit le Chrétien.
- J'étais, répliqua cet homme, un professeur de belle apparence à mes yeux et à ceux des autres. Je m'imaginais être assez bien disposé pour le royaume céleste, et je me réjouissais à la pensée d'y entrer.
- Mais, dit le Chrétien, qui êtes-vous maintenant?
- Je suis, répondit-il, un misérable désespéré, enfermé pour toujours dans cette grotte de fer, sans pouvoir en sortir. Ah! Je ne puis plus en sortir.

Le Chrétien lui dit: - Comment donc êtes-vous tombé dans ce misérable état?

- J'ai cessé, répondit-il, de veiller et d'être sobre; j'ai préféré mes convoitises à la vertu; j'ai péché contre la lumière de la Parole de Dieu; j'ai méprisé son support; j'ai contristé le Saint Esprit et il s'est retiré de moi; j'ai donné lieu au diable qui s'est rendu maître de moi; j'ai provoqué la colère de Dieu et il m'a abandonné; j'ai tellement endurci mon coeur que je ne puis plus me convertir.

Le Chrétien se tourna du côté de l'Interprète, et lui dit: - Comment? N'y a-t-il donc plus d'espérance pour cet homme?

- Demandez-le-lui, répondit l'Interprète.

Le Chrétien se tourna encore vers cet homme: - Hé quoi! Lui dit-il, n'y a-t-il donc plus d'espérance pour vous? Faut-il que vous demeuriez éternellement dans cette caverne de désespoir?

- Oui, éternellement, répondit cet homme.
- Pourquoi? dit le Chrétien. Le Fils unique du Père n'est-il pas miséricordieux?
- Oui, je l'avoue, répondit ce malheureux; mais je l'ai crucifié de nouveau; je me suis moqué de sa personne, j'ai méprisé sa justice (Hébreux 10:29), j'ai foulé au pied et tenu pour profane son sang; j'ai méprisé l'Esprit de grâce. Par là je me suis exclu de toutes les promesses, de sorte qu'à présent je ne puis plus attendre que les effets des menaces les plus terribles, qui me mettent sans cesse devant les yeux un juge-

ment inévitable, une ardeur de feu qui doit dévorer les adversaires, et moi par conséquent.

Le Chrétien lui demanda encore pourquoi il s'était jeté lui-même dans ce misérable état.

- Cela m'est arrivé, répondit-il, par suite de l'amour des plaisirs et des avantages du monde, dans la jouissance desquels je me promettais beaucoup de satisfactions et de commodités. Mais maintenant il arrive, par un juste jugement, que chacune de ces choses me dévore comme un ver rongeur.

Le Chrétien lui dit: - Ne pouvez-vous pas en avoir contrition et vous convertir?

- Dieu, répondit-il, me refuse la conversion; sa Parole ne m'excite point, et lui-même m'a enserré dans une grotte de fer, sans qu'aucun homme puisse m'en délivrer. O éternité! Éternité! Quels sont les tourments que tu me réserves, et que j'aurai à endurer éternellement!

Alors l'Interprète dit au Chrétien: - N'oubliez jamais l'état funeste de cet homme, et qu'il soit pour vous un éternel avertissement.

- Ah! dit le Chrétien, que cela est effroyable! Dieu me fasse la grâce de veiller, d'être sobre, et de prier sans cesse afin que je puisse éviter le malheur de cet homme!

- Mais n'est-il pas temps de continuer mon voyage?

- Attendez encore un peu, dit l'Interprète, je n'ai plus qu'une chose à vous faire voir; après cela, vous pourrez poursuivre votre route.

Là-dessus, il prit encore le Chrétien par la main, et le conduisit dans une grande chambre où était quelqu'un qui sortait du lit, et qui s'habillait tout tremblant et extrêmement effrayé.

- Pourquoi, dit le Chrétien, cet homme est-il si effrayé et si tremblant?

- Demandez-lui-en la raison, dit l'Interprète.

Ce qu'ayant fait, le Chrétien en reçut cette réponse:

- J'ai vu cette nuit, en songe, pendant mon sommeil, le ciel fort obscur, sillonné par des éclairs et retentissant de tonnerres épouvantables. Ce qui m'a causé d'abord une angoisse et une consternation horribles. Ensuite j'ai vu, dans mon songe, des nuées qui paraissaient d'une forme tout extraordinaire, et j'ai entendu un grand bruit de trompettes. Alors un homme tout rayonnant de gloire a paru dans l'air, et s'est assis sur des nues, environné de plusieurs milliers d'habitants des cieux. Cependant tout était en feu; les cieux mêmes étaient embrasés, et à l'instant j'ai entendu une voix qui criait: "Morts, levez-vous, et venez en jugement!". Dans un moment j'ai vu les rochers se fendre, les sépulcres s'ouvrir et les morts en sortir. Quelques-uns d'entre eux étaient remplis de joie et levaient la tête; les autres tâchaient de se cacher sous les montagnes. L'homme qui était assis sur les nues ouvrit un livre et commanda que tout le monde eût à comparaître devant lui. Toutefois, à cause d'une flamme dévorante qui marchait devant lui, il y avait une distance convenable entre les autres et lui, comme entre un juge et des prisonniers. J'ouïs aussi crier à ceux qui servaient celui qui était assis sur les nues:

Matthieu 3 : 12 - Il a son van à la main; il nettoiera son aire, et il amassera son blé dans le grenier, mais il brûlera la paille dans un feu qui ne s'éteint point.

Sur cela, l'abîme s'ouvrit subitement dans l'endroit où j'étais, et il en sortit de son ouverture beaucoup de fumées et de charbons ardents avec un bruit épouvantable. Il fut dit aussi à ceux qui servaient Dieu:

Luc 3 : 17 - Il a son van à la main; il nettoiera son aire, et il amassera le blé dans son grenier, mais il brûlera la paille dans un feu qui ne s'éteint point.

Et, sur-le-champ, plusieurs furent enlevés et portés dans les nues; mais je fus laissé en arrière. Je cherchais aussi à me cacher, mais tous mes efforts furent inutiles; car Celui qui était assis sur la nue avait toujours les yeux fixés sur moi. Mes péchés se présentèrent aussi devant moi; ma conscience m'accusait de toutes parts, et sur cela je me suis réveillé.

- Mais qu'y a-t-il dans ce songe qui vous cause tant d'angoisse? répliqua le Chrétien.

- Comment! répondit cet homme. Je croyais que le jour du jugement était arrivé, et je n'étais pas prêt pour y comparaître. Mais ce qui m'a le plus effrayé, c'est que les anges assemblèrent un grand nombre de personnes et qu'ils me laissèrent. L'enfer aussi ouvrit sa gueule précisément à l'endroit où j'étais. Avec tout cela ma conscience me condamnait, et je remarquai que le juge avait toujours les yeux attachés sur moi, de sorte que je pouvais découvrir sur son visage sa colère enflammée contre moi.

Alors l'Interprète dit au Chrétien : - Avez-vous bien remarqué toutes ces choses?

- Oui, répondit-il, elles me donnent à la fois de la crainte et de l'espérance.

- Eh bien! Ajouta l'Interprète, conservez-les soigneusement dans votre coeur afin qu'elles puissent vous servir d'aiguillon pour continuer votre voyage.

Alors le Chrétien ceignit ses reins et se disposa à suivre sa route.

L'interprète le salua en lui disant : - Que la consolation soit toujours avec vous, fidèle Chrétien, et vous accompagne tout le long du chemin qui conduit à la sainte cité!

Ainsi le Chrétien poursuivit son voyage en chantant ce qui suit.

Que de choses surprenantes
Se présentent à mes yeux!
Et qu'on trouve dans ces lieux
De merveilles ravissantes!

Que de tristesse et d'horreur,
Que de bonheur et de joie,
Pour empêcher le pécheur
De s'endormir dans sa voie.

Grâce à ce digne Interprète
Qui m'instruit si sagement
Que ne puis-je dignement
D'une faveur si parfaite.

Reconnaître le bienfait,
Et plutôt que par science
En acquérir par effet
La sublime connaissance!

7

LE FARDEAU TOMBE, 3 HOMMES ENDORMIS, CÔTEAU DES DIFFICULTÉS

Dès les pas que l'âme fait dans le chemin de l'Evangile, elle se sent absolument déchargée de ses péchés. Différentes manières dont on peut périr dans la voie du salut.

Je vis aussi que le chemin élevé où le Chrétien marchait était muni, d'un côté et de l'autre, d'une muraille qui se nomme le Salut. Et c'est dans ce moment qu'il continuait de courir, non sans beaucoup de peine, à cause du fardeau dont il était charge. Cependant il avançait de plus en plus, jusqu'à ce qu'il arriva dans un endroit un peu plus élevé, où se trouvait une croix et un peu au-dessous d'elle un tombeau. Au moment où le Chrétien approcha de la croix, je vis que son fardeau tomba de dessus son dos et fut abîmé dans un gouffre profond; de sorte que le Chrétien ne le revit plus jamais.

Ce fut alors qu'il ressentit une véritable joie, et qu'il commença à s'écrier, plein d'allégresse: "Il m'a donné le repos par sa tristesse, et la vie par sa mort".

Le Chrétien s'arrêta là quelques temps, s'étonnant au dernier point de ce que la seule vue de la croix l'eût ainsi déchargé de son fardeau; et il ne cessait de la contempler en versant un torrent de larmes.

Pendant qu'il était ainsi arrêté à contempler cette croix et à fondre en larmes, il aperçut trois personnages qui jetèrent les yeux sur lui et qui le saluèrent en ces termes: "Paix vous soit". Le premier ajouta encore ces mots: "Vos péchés vous sont pardonnés":

Marc 2 : 5 - Jésus, voyant leur foi, dit au paralytique : Mon enfant, tes péchés sont pardonnés.

L'autre le dépouilla de ses vieux et sales haillons, et le revêtit d'habits splendides:

Zacharie 3 : 4 - L'ange, prenant la parole, dit à ceux qui étaient devant lui: Otez-lui les vêtements sales ! Puis il dit à Josué: Vois, je t'enlève ton iniquité, et je te revêts d'habits de fête. ⁵ Je dis : Qu'on mette sur sa tête un turban pur ! Et ils mirent un turban pur sur sa tête, et ils lui mirent des vêtements. L'ange de l'Eternel était là.

Le troisième lui mit une marque sur le front, et lui donna aussi un mémoire d'où pendait un sceau:

Ephésiens 1 : 13 - En lui vous aussi, après avoir entendu la parole de la vérité, l'Evangile de votre salut, en lui vous avez cru et vous avez été scellés du Saint-Esprit qui avait été promis,

Il lui recommanda de le considérer toujours bien attentivement pendant sa course et de le remettre ensuite à la porte céleste, ajoutant qu'il ne serait point reçu sans ce sceau. Ensuite le Chrétien poursuivit sa course en sautant de joie, et chantant ce cantique:

Romains 8 : 15 - Et vous n'avez point reçu un esprit de servitude, pour être encore dans la crainte; mais vous avez reçu un Esprit d'adoption, par lequel nous crions : Abba ! Père ! ¹⁶ L'Esprit lui-même rend témoignage à notre esprit que nous sommes enfants de Dieu. ¹⁷ Or, si nous sommes enfants, nous sommes aussi héritiers : héritiers de Dieu, et cohéritiers de Christ, si toutefois nous souffrons avec lui, afin d'être glorifiés avec lui.

> *Chargé du faix insupportable*
> *Du péché, je n'avais ni trêve ni repos;*
> *Mais enfin en ce lieu, ô bonheur ineffable!*
> *Je trouve un terme à tous mes maux.*
>
> *Quelle vertu, quelle efficace,*
> *Se déploie en ce lieu sur les pauvres pécheurs!*
> *Qu'ils sentent sur-le-champ, ô indicible grâce!*
> *D'un tel poids soulager leurs coeurs.*
>
> *Ici je sens finir les peines*
> *Que ce pesant fardeau m'a fait longtemps souffrir.*
> *Ici dans un instant je vois tomber mes chaînes!*
> *Dois-je encor craindre de mourir?*
>
> *Béni soit ce bois salutaire.*
> *Bénie soit cette mort qui nous rend le repos!*
> *Mais béni soit surtout le Sauveur débonnaire*
> *Qui pour nous souffrit tant de maux!*

Comme il continuait ainsi sa course, il arriva dans une vallée où il entrevit, un peu à côté du chemin, trois hommes qui dormaient profondément, et qui avaient les jambes liées de chaînes. L'un se nommait l'Inconsidéré, l'autre le Paresseux, et le troisième le Téméraire.

Le Chrétien, les voyant dans cet état, s'approcha d'eux d'un peu plus près, pour essayer s'il ne pourrait point les réveiller, et il leur cria:

- Vous faites comme ceux qui dorment au sein d'une mer orageuse, sur le mât d'un navire. C'est pourquoi, réveillez-vous, secouez vos chaînes; souffrez du moins qu'on vous délie; je veux vous aider en cela autant qu'il en est en mon pouvoir. Ah! Si celui qui rôde autour de vous comme un lion rugissant, cherchant qui il pourra dévorer, vient fondre sur vous, vous serez la proie de sa fureur. Hélas! Je vois qu'il s'est déjà préparé une victoire presque infaillible, en vous liant les pieds pour vous rendre la fuite impossible.

1 Pierre 5 : 8 - Soyez sobres, veillez. Votre adversaire, le diable, rôde comme un lion rugissant, cherchant qui il dévorera.

Pendant qu'il les regardait et qu'il leur parlait ainsi, l'Inconsidéré dit: "Je ne vois point de danger". Le Paresseux dit: "Encore un peu de sommeil". Et le Téméraire dit: "Il se peut bien qu'il y ait quelque peu de danger, mais je me tirerai d'affaire également". Ainsi ils se couchèrent derechef pour se rendormir, et le Chrétien continua son chemin.

Il était cependant navré de douleur quand il réfléchissait sur le danger que couraient ces malheureux, et sur le refus qu'ils avaient fait du secours qu'il aurait pu leur donner, soit par ses vives exhortations, soit par ses conseils. Pendant qu'il déplorait ainsi leur sort, il aperçut, du côté gauche du chemin, deux hommes qui passaient par-dessus la muraille pour marcher avec lui dans le chemin étroit. L'un se nommait le Formaliste et l'autre l'Hypocrite.

Ces deux personnes s'étant jointes au Chrétien, il leur parla de cette manière:

- D'où venez-vous, messieurs, et où voulez-vous aller?

Ils répondirent:

- Nous sommes nés dans le pays de la Vaine gloire, et nous allons à la montagne de Sion pour acquérir des louanges.

- Pourquoi, dit le Chrétien, ne venez-vous pas par la porte qui est à l'entrée de ce chemin? Ne savez-vous pas qu'il est écrit: "Que celui qui n'entre pas par la porte, mais qui vient d'ailleurs, est un larron et un brigand" (Jean 10:1)?

Ils répondirent d'un commun accord que tous leurs compatriotes estimaient qu'il fallait faire un trop long détour pour arriver précisément par cette porte dans cette voie. Et qu'ainsi, pour abréger le chemin, c'était leur coutume de passer par un sentier à côté, et de sauter la muraille comme ils venaient de le faire.

- Mais, répliqua le Chrétien, cela ne doit-il pas être regardé comme une transgression de l'ordre du Seigneur de cette cité où vous prétendez aller; et, par conséquent, n'est-ce point se moquer de sa volonté révélée?

Ils lui répondirent qu'ils n'avaient que faire de se rompre la tête sur cela; que ce qu'ils faisaient était selon l'ancienne coutume, et que, s'il était nécessaire, ils prouveraient par des témoignages authentiques, que la chose avait été ainsi pratiquée depuis près de 2000 ans.

Le Chrétien - Mais pensez-vous que votre manière d'agir puisse soutenir l'épreuve de la loi?

Ils répondirent là-dessus qu'une coutume d'une telle ancienneté serait, sans doute, reçue par tout juge impartial comme très légitime. - Outre cela, ajoutèrent-ils, pourvu que nous fassions le chemin, qu'importe de quelle manière nous y serons entrés? N'y sommes-nous pas également? Quant à vous, nous remarquons bien que vous avez passé par la porte, et cependant vous n'êtes encore que sur la route, et pas plus avancé que nous qui avons passé par-dessus la muraille. En quoi donc votre condition est-elle meilleure que la nôtre?

- Je marche, dit le Chrétien, selon la règle de mon Maître; mais vous, vous ne marchez que selon les mouvements profanes de votre fantaisie. Déjà le Seigneur de la voie vous regarde comme des larrons; ainsi il est fort à craindre que vous ne soyez traités comme des serviteurs infidèles, lorsque vous serez au bout de la carrière. Vous y entrez de vous-mêmes, sans la conduite du Maître; il faudra que vous en sortiez, si sa miséricorde ne se déploie sur vous et ne vous fait grâce.

Ces hommes n'eurent pas grand-chose à répliquer. Ils se contentèrent de dire au Chrétien qu'il n'avait qu'à prendre garde à lui-même. Et ils poursuivirent leur chemin chacun de son côté, sans parler plus longtemps ensemble. Ils ajoutèrent seulement que, quant à de qui concerne la loi et les commandements, ils ne doutaient point qu'ils ne les observassent aussi fidèlement que lui, et qu'ils ne voyaient pas en quoi il se distinguait d'eux, si ce n'est pas le manteau dont il était couvert, et qui, ajoutaient-ils, lui avait été donné par quelque ami pour couvrir sa honte et sa nudité.

- Mais, leur répondit le Chrétien, au sujet de votre première observation, vous ne saurez pas sauver par la loi et par la pratique des commandements de Dieu, puisque ayant manqué en tous points à ses commandements c'est cette loi qui vous condamnerait.

Galates 3 : 1 - O Galates, dépourvus de sens ! qui vous a fascinés, vous, aux yeux de qui Jésus-Christ a été peint comme crucifié ?

Vous n'entrez donc pas par la véritable porte, en voulant être sauvé de cette manière. Quant à ces habits dont je suis vêtu, je les ai reçus du Seigneur du lieu où je vais; et, en effet, comme vous le dites fort bien, pour couvrir la honte de ma nudité, ce qui est le plus éclatant témoignage que le Seigneur ait pu me donner de sa bienveillance; car, au lieu qu'auparavant je n'avais sur moi que quelques restes de vieux lambeaux, maintenant il m'a donné ce vêtement pour le consoler et m'encourager dans le voyage. Et je m'assure que, lorsque je serai arrivé à la porte de la cité, le Seigneur qui y règne me reconnaîtra pour sien, puisqu'il m'a revêtu lui-même de ses propres habits, par un effet de sa pure grâce. Outre cela, j'ai encore sur le front une marque à laquelle vous n'avez peut-être pas pris garde, et qu'une personne très particulièrement connue de mon Seigneur y a imprimée, au jour où mon fardeau tomba de dessus de mes épaules. Je puis bien encore vous dire que, pour me consoler pendant mon voyage, il m'a donné un mémoire scellé de son sceau, avec ordre de le remettre à la porte du ciel pour pouvoir y entrer. Or, je doute que vous ayez aucune de ces choses; non, vous ne les avez pas, puisque vous n'êtes pas entrés par la porte.

A toutes ces choses, ces deux hommes ne donnèrent aucune réponse; mais ils se regardèrent l'un l'autre et sourirent.

Cependant, ils continuèrent tous trois leur chemin. Mais le Chrétien marchait toujours devant, ne s'entretenant plus avec personne qu'avec lui-même, tantôt soupirant, tantôt tressaillant de joie. Il lisait très souvent dans le mémoire que l'un des Rayonnants lui avait donné, et qui servait puissamment à son encouragement.

Je les vis marcher ensemble jusqu'au moment où ils arrivèrent au pied d'un coteau, nommé le Coteau des difficultés, au pied duquel coulait une fontaine. En cet endroit, à côté du chemin qui vient directement de la porte, il y avait deux sentiers: l'un tirant à droite et l'autre à gauche. Mais le chemin étroit, qui était aussi le droit chemin, tendait directement à la colline, dont la montée est nommée

Pénible. Chrétien alla premièrement à la fontaine pour s'y rafraîchir un peu. Ensuite, il se mit à monter le coteau en chantant:

> *De ce mont la pente rapide*
> *Semble impossible à surmonter;*
> *J'entreprends pourtant d'y monter*
> *Avec un courage intrépide.*
>
> *On ne craint nullement la peine*
> *Lorsqu'on a devant les yeux*
> *Le prix céleste et glorieux*
> *D'une félicité certaine.*
>
> *Mieux vaux suivre la droite voie,*
> *Parmi les soupirs et les pleurs,*
> *Que de suivre un chemin de fleurs*
> *Pour être de la mort la proie.*

Les deux autres marchèrent aussi jusqu'au pied du coteau. Mais lorsqu'ils virent combien il était haut et rapide, et qu'ils aperçurent deux autres chemins à côté plus commodes, ils s'imaginèrent que ces deux chemins pourraient bien se rencontrer ensuite et aboutir à celui que suivait le Chrétien. Ainsi, ils résolurent d'entrer dans ces chemins, dont l'un se nomme Danger et l'autre Anéantissement. L'un d'eux prit le chemin du Danger qui le mena dans une grande forêt, et l'autre le chemin de l'Anéantissement qui le conduisit dans une grande campagne remplie de hauteurs éblouissantes, où il trébucha et fit chutes sur chutes, jusqu'à ce qu'enfin on ne le revit plus jamais.

8

SOMMEIL, TIMIDE ET DÉFIANT, PALAIS PLEIN DE BEAUTÉ

L'âme qui s'endort perd le témoignage intérieur de Dieu et se trouve assaillie par de nouveaux sentiments de timidité et de méfiance. Douleurs qu'elle en éprouve.

Alors je suivis le Chrétien du regard pour découvrir ce qui lui arriverait sur son coteau, et je remarquai qu'au lieu de courir comme auparavant, il fut obligé de ralentir le pas, et ensuite de grimper sur les genoux et sur les mains, à cause de la rudesse de la montée, qui était fort escarpée. Il y avait vers le milieu de la colline une cabane agréable, que le Seigneur du Ciel y avait fait mettre pour procurer quelque repos aux voyageurs. Le Chrétien y entra, et s'assit pour s'y reposer un moment. Pour se fortifier contre son abattement, il tira son mémoire de son sein, et se mit à considérer de nouveau les habits dont il avait été revêtu près de la croix [le pardon de ses péchés et l'imputation qui lui était faite des mérites de Jésus Christ]. L'une et l'autre de ces choses lui donnèrent une véritable joie, qui dura assez longtemps.

Enfin, il tomba insensiblement dans l'assoupissement, et ensuite dans un profond sommeil, ce qui fut cause qu'il s'arrêta dans cet endroit presque jusqu'à la nuit, et que son mémoire lui tomba des mains. Dans le plus fort de son sommeil, il vint quelqu'un qui le poussa rudement et le réveilla en lui criant:

Proverbes 6 : 6 - Va vers la fourmi, paresseux; Considère ses voies, et deviens sage.

A cette voix, il se leva en sursaut, et se mit à doubler le pas pour gagner du chemin, jusqu'à ce qu'enfin il parvint au sommet de la colline, où il rencontra deux hommes qui couraient droit vers lui. L'un se nommait le Timide et l'autre le Défiant.

- Comment, messieurs! leur cria-t-il, d'où vient que vous rebroussiez ainsi chemin?

Le Timide répondit qu'il s'était mis en chemin pour la cité de Sion, et que dans ce dessein il avait tenté d'escalader ce coteau.

- Mais, ajouta-t-il, comme à mesure que nous avancions nous rencontrions de nouveaux périls, nous avons pris le parti de rebrousser chemin.

- C'est vrai, dit le Défiant; tout à l'heure même nous avons trouvé deux lions devant nous; nous ne savions s'ils dormaient ou non; mais il est sûr que s'ils nous avaient assaillis, nous n'avions autre chose à attendre que d'en être dévorés.

- Vous m'épouvantez, leur dit alors le Chrétien: mais où fuirai-je pour être en sûreté? Faut-il que je rebrousse chemin, et que je retourne dans mon pays? Mais si je retourne, ma perte est assurée; car que puis-je attendre que la mort, dans un lieu qui doit être consumé par le feu du ciel? Au lieu que si je puis une fois parvenir à la cité céleste, j'y serai en pleine sûreté, et j'y jouirai d'une vie éternelle. C'est pourquoi je suis résolu à poursuivre mon chemin. - En disant cela, il commença à marcher courageusement; mais le Timide et le Défiant descendirent la colline en courant.

Le Chrétien cependant ne put s'empêcher de réfléchir sur ce que ces deux hommes lui avaient dit: et comme il voulut tirer son mémoire pour le lire et se fortifier contre les dangers dont il était menacé, il ne le trouva point; ce qui lui causa un étonnement et une affliction inconcevables.

C'était là toute sa consolation et son soutien dans les épreuves; c'était le passeport au moyen duquel il devait être reçu et introduit dans la cité céleste. Jugez, après cela, quelle dut être sa consternation et le trouble de son âme, lorsqu'il se vit privé d'un si grand avantage. Dans cette profonde tristesse, il se souvint enfin qu'il s'était endormi dans la cabane. Il se jeta alors à genoux devant Dieu et lui demanda pardon de cette faute si grande; après quoi il rebroussa chemin pour aller chercher son mémoire.

Mais qui pourrait décrire les regrets et la douleur qu'il ressentit tout au long du chemin? Tantôt il poussait des soupirs; tantôt il lui prenait envie de se maudire lui-même pour s'être ainsi endormi dans un lieu qui n'était destiné qu'à prendre un peu de repos. Il revenait ainsi sur ses pas en cherchant son mémoire avec beaucoup d'inquiétude, en regardant de tous côtés s'il ne pourrait point le retrouver.

Enfin, il découvrit la cabane où il s'était arrêté. Mais cette vue ne fit que raviver sa plaie, en lui rappelant le souvenir de sa faute; de sorte qu'il se mit à déplorer amèrement son sommeil insensé. "Ah!", s'écriait-il, "misérable que je suis de m'être ainsi abandonné au sommeil pendant le jour et au milieu de tant de dangers! Que je suis malheureux d'avoir ainsi accompli le désir de ma chair, par l'abus du repos que le Seigneur du Ciel n'a ordonné que pour le rafraîchissement du pèlerin spirituel, et non pour la satisfaction et la commodité de la chair! Combien de pas inutiles n'ai-je pas faits! Je me vois maintenant obligé de faire le chemin par trois fois, au lieu qu'une seule foi aurait suffi si j'avais été sage. C'est ainsi qu'il arriva aux enfants d'Israël, qui, à cause de leurs péchés, furent renvoyés vers la mer Rouge. Et encore faut-il que je fasse ce chemin avec tristesse et amertume, au lieu que j'aurais pu le faire commodément et à la clarté du soleil. A présent, la nuit va me surprendre. Ah! Déplorable sommeil, que tu me causes de peines!"

En faisant ces tristes lamentations il arriva à la cabane, où, abattu par la fatigue, il fut obligé de s'asseoir, et là s'abandonna de nouveau à des regrets et à des larmes amères. Mais enfin, comme il regardait tristement vers la place où il était assis, il découvrit son mémoire. Aussitôt il le ramassa en tremblant, et le cacha dans son sein avec des transports de joie et avec des sentiments d'une vive reconnaissance envers le Seigneur qui l'avait si bien dirigé.

Ainsi, il se remit en chemin en versant des larmes de joie. Mais quoiqu'il fît une extrême diligence pour gagner le haut de la colline, le soleil se coucha sur lui avant qu'il fût arrivé au sommet; ce qui lui renouvela le souvenir de son dangereux sommeil, et lui fit pousser de nouvelles plaintes.

Il se souvenait aussi du récit que le Timide et le Défiant lui avaient fait de tant de difficultés, et en particulier des lions qu'ils disaient avoir rencontrés en chemin. "Si cela est", se disait-il en lui-même, "c'est la nuit que ses animaux vont chercher leur proie; et si je viens à les rencontrer dans ces ténèbres, comment éviterai-je de tomber entre leurs griffes et d'être mis en pièces par eux?"

Mais comme il continuait son chemin dans ces tristes pensées, il leva les yeux et découvrit devant lui, à côté du chemin, un magnifique palais dont le nom est Plein de Beauté; et je remarquai qu'il se hâtait pour y aller loger cette nuit. Cependant il arriva dans un passage fort étroit, distant d'environ un mille de la porte du palais. Et comme il regardait avec beaucoup de soin devant lui, il aperçut les deux lions dans le chemin.

"Je vois maintenant", dit-il, "le danger qui a fait retourner en arrière le Timide et le Défiant". Or les lions étaient enchaînés. Mais il ne voyait pas leurs chaînes; ce qui fit qu'il fut saisi d'une si grande frayeur qu'il commença à délibérer en lui-même s'il ne retournerait point en arrière pour suivre les autres, car il n'attendait que la mort. Mais le portier de ce palais, nommé Vigilant, remarquant de sa demeure que le Chrétien s'arrêtait tout court et qu'il paraissait disposé à rebrousser chemin, lui cria:

- Avez-vous si peu de courage? N'ayez point peur de ces lions, car ils sont enchaînés. Ils ne sont là que pour éprouver la foi des voyageurs, et manifester qui sont ceux qui n'en ont point. Marchez seulement toujours par le milieu du chemin [ne pas s'écarter ni à droite ni à gauche du bon chemin], et il ne vous arrivera aucun mal.

9

AGRÉABLE RÉCEPTION DU CHRÉTIEN

Doux repos de l'âme après ses épreuves dans la méditation des choses célestes.

Alors je le vis avancer, quoiqu'en tremblant à la vue des lions, prenant soigneusement garde à l'avertissement que le portier Vigilant lui avait donné. Il entendit bien rugir ces animaux furieux, mais ils ne lui firent aucun mal. Ainsi il passa outre en frappant des mains, pour marquer la joie qu'il ressentait d'avoir aussi heureusement échappé; et il arriva de cette manière auprès du portier, à qui il demanda quelle était cette maison.

- Pourrai-je, ajouta-t-il, y loger cette nuit?

Le Portier - Cette maison a été bâtie par le Seigneur de la colline pour la commodité et la sûreté des voyageurs. - En même temps, il lui demanda d'où il venait et où il allait.

La Chrétien - Je viens de la ville de Corruption, et je vais à la montagne de Sion. Mais, puisque le soleil est couché, je souhaiterais, s'il était possible, de passer ici la nuit.

Le Portier lui demanda comment il s'appelait.

- Mon nom, lui répondit le Chrétien, mon nom est désormais Chrétien; ci-devant je m'appelais Privé de grâce.

Ephésiens 2 : 1 - Vous étiez morts par vos offenses et par vos péchés, [2] dans lesquels vous marchiez autrefois, selon le train de ce monde, selon le prince de la puissance de l'air, de l'esprit qui agit maintenant dans les fils de la rébellion. [3] Nous tous aussi, nous étions de leur nombre, et nous vivions autrefois selon les convoitises de notre chair, accomplissant les volontés de la chair et de nos pensées, et nous étions par nature des enfants de colère, comme les autres.

Colossiens 1 : 21 - Et vous, qui étiez autrefois étrangers et ennemis par vos pensées et par vos mauvaises oeuvres, il vous a maintenant réconciliés

Romains 5 : 12 - C'est pourquoi, comme par un seul homme le péché est entré dans le monde, et par le péché la mort, et qu'ainsi la mort s'est étendue sur tous les hommes, parce que tous ont péché, . ^{13} car jusqu'à la loi le péché était dans le monde. Or, le péché n'est pas imputé, quand il n'y a point de loi. ^{14} Cependant la mort a régné depuis Adam jusqu'à Moïse, même sur ceux qui n'avaient pas péché par une transgression semblable à celle d'Adam, lequel est la figure de celui qui devait venir. ^{15} Mais il n'en est pas du don gratuit comme de l'offense; car, si par l'offense d'un seul il en est beaucoup qui sont morts, à plus forte raison la grâce de Dieu et le don de la grâce venant d'un seul homme, Jésus-Christ, ont-ils été abondamment répandus sur beaucoup. ^{16} Et il n'en est pas du don comme de ce qui est arrivé par un seul qui a péché; car c'est après une seule offense que le jugement est devenu condamnation, tandis que le don gratuit devient justification après plusieurs offenses. ^{17} Si par l'offense d'un seul la mort a régné par lui seul, à plus forte raison ceux qui reçoivent l'abondance de la grâce et du don de la justice régneront-ils dans la vie par Jésus-Christ lui seul. ^{18} Ainsi donc, comme par une seule offense la condamnation a atteint tous les hommes, de même par un seul acte de justice la justification qui donne la vie s'étend à tous les hommes. ^{19} Car, comme par la désobéissance d'un seul homme beaucoup ont été rendus pécheurs, de même par l'obéissance d'un seul beaucoup seront rendus justes. ^{20} Or, la loi est intervenue pour que l'offense abondât, mais là où le péché a abondé, la grâce a surabondé, ^{21} afin que, comme le péché a régné par la mort, ainsi la grâce régnât par la justice pour la vie éternelle, par Jésus-Christ notre Seigneur.

Je suis de la race de Japhet, que l'Eternel a fait habiter dans les tentes de Sem.

Genèse 9 : 27 - Que Dieu étende les possessions de Japhet, qu'il habite dans les tentes de Sem, et que Canaan soit leur esclave !

Le Portier - Comment se fait-il que vous arriviez si tard! Le soleil est déjà couché.

Le Chrétien - Je serais bien arrivé plus tôt; mais, hélas! Je me suis endormi dans la cabane qui est de l'autre côté de la colline. Et ce qui m'a bien retardé encore, c'est que mon passeport étant tombé de mes mains lorsque je dormais; j'ai été obligé de revenir sur mes pas pour le rechercher à l'endroit où je m'étais endormi, et où je l'ai heureusement retrouvé. C'est la raison pour laquelle je n'ai pu arriver ici que fort tard.

Le Portier - Eh bien, je vais appeler une des personnes de cet endroit qui vous introduira, si votre conversation lui plaît, auprès des autres habitants de ce palais, selon la coutume qui y est observée.

La-dessus, le Vigilant tira la cloche, au son de laquelle in vit descendre une jeune personne fort modeste et gracieuse, nommée Discrétion, qui demanda au portier pourquoi il avait sonné. Vigilant répondit qu'il y avait là un homme qui, venant de la ville de Corruption, voyageait vers la montagne de Sion, et que, se trouvant fatigué et surpris par la nuit, il demandait s'il pourrait passer cette nuit dans le palais. La jeune demoiselle, après avoir posé quelques questions au Chrétien, commença à sourire; ensuite les larmes lui vinrent aux yeux; et après un moment de silence de part et d'autre, elle lui dit qu'elle allait appeler deux ou trois de ses compagnes. En effet, on vit bientôt paraître la Prudence, la Crainte de Dieu et la Charité, qui introduisirent le Chrétien dans le palais. D'abord plusieurs autres domestiques survinrent, qui lui souhaitèrent la bienvenue sur le seuil de la porte, en lui disant:

- Entrez, béni de l'Eternel! C'est pour de tels voyageurs que cette maison a été bâtie par le Seigneur de la colline.

Le Chrétien les suivit, et après qu'il se fut assis, ils lui donnèrent à boire d'une excellente boisson. Ensuite les maîtresses du lieu convinrent qu'en attendant le repas, et pour mettre le temps à profit, quelques-unes d'entre elles s'entretiendraient avec le Chrétien. Celles qui furent choisies pour cela étaient la Prudence, la Crainte de Dieu et la Charité. Elles commencèrent ainsi:

- Venez, fidèle Chrétien, dit la Crainte de Dieu; entretenons-nous de toutes les choses qui vous sont arrivées dans votre voyage. Peut-être pourrons-nous en tirer quelque profit pour notre avancement et pour notre édification mutuelle.

Le Chrétien - Très volontiers; je suis ravi de vous trouver dans cette disposition.

La Crainte de Dieu lui demanda comment il s'était déterminé à faire ce voyage, qui l'avait si heureusement dirigé, s'il n'avait pas passé chez l'Interprète, etc.

Le Chrétien la satisfait par un récit fidèle de tout ce qui lui était arrivé en chemin. Il lui dit que l'horreur qu'il avait conçue de son état et de celui de sa ville natale l'avait d'abord obligé d'en sortir; que l'Evangéliste l'avait adressé à la porte étroite, et lui avait donné toutes les instructions nécessaires pour sa route; qu'il avait passé chez l'Interprète, où il avait vu plusieurs choses très remarquables, entre autres:

1. Comment Jésus entretient l'oeuvre de sa grâce dans le coeurs de ses élus, malgré Satan;

2. Comment un homme se prive, par ses péchés, de toute espérance en la miséricorde de Dieu;

3. Le songe d'un homme qui croyait voir pendant son sommeil le jugement dernier;

4. Enfin, le courage héroïque d'un soldat du Christ qui pénétra dans le palais de gloire malgré les efforts de ses ennemis, et qui ravit ainsi par la violence le royaume de Dieu.

Le Chrétien ayant ajouté que ces choses avaient fait sur lui une très vive impression, continua son histoire en disant qu'après avoir été déchargé de son fardeau à la seule vue d'un homme crucifié (Jésus notre Sauveur), il avait trouvé trois personnages qui lui avaient donné des habits neufs, lui avaient annoncé le pardon de ses péchés, et remis un mémoire scellé.

Il rappela la rencontre de l'Inconsidéré, du Paresseux et du Téméraire, qu'il avait trouvé plongés dans le sommeil et chargés de chaînes; celle du Formaliste et de l'Hypocrite, qui prétendaient arriver à Sion en passant par-dessus la muraille.

Enfin, il raconta la peine extraordinaire qu'il avait eue à gravir ce coteau; la frayeur que la vue des lions lui avait inspirée, et le soin que le portier avait eu de le rassurer et de l'encourager. Le Chrétien finit par remercier les jeunes filles de leur bon accueil.

La Prudence prit ensuite la parole, et trouva bon de lui poser aussi quelques questions.

- Ne pensez-vous point, lui dit-elle, encore quelques fois à vos compatriotes et n'avez-vous point de regret de les avoir quittés?

Le Chrétien - J'y pense bien encore, mais c'est avec beaucoup de confusion et d'horreur. Et vraiment, si j'avais conservé le désir de la patrie d'où je suis sorti, j'aurais bien pu y retourner; mais j'en désire une meilleure, savoir, la céleste.

Hébreux 11 : 15 - S'ils avaient eu en vue celle d'où ils étaient sortis, ils auraient eu le temps d'y retourner. ¹⁶ Mais maintenant ils en désirent une meilleure, c'est-à-dire une céleste. C'est pourquoi Dieu n'a pas honte d'être appelé leur Dieu, car il leur a préparé une cité.

La Prudence - Ne portez-vous plus rien avec vous des choses qui vous y tenaient attaché?

Le Chrétien - Hélas! je n'en porte que trop; mais c'est bien malgré moi; particulièrement les mouvements et les convoitises intérieures de la chair, auxquelles les gens de ce pays-là sont fort attachés, comme je l'ai été aussi. Mais maintenant toutes ces choses sont pour moi des sujets de tristesse et d'amertume; et si je pouvais choisir, je voudrais les plonger dans l'abîme de l'oubli; mais lorsque je veux faire le bien, le mal est attaché à moi.

Romains 7 : 21 - Je trouve donc en moi cette loi : quand je veux faire le bien, le mal est attaché à moi.

La Prudence - Ne vous semble-t-il pas quelquefois que vous avez déjà surmonté ces mouvements qui, dans d'autres moments, vous causent beaucoup de peine et de trouble?

Le Chrétien - Oui, mais cela n'arrive que rarement, et alors ce sont pour moi des moments très précieux.

La Prudence - Pouvez-vous comprendre comment il arrive que vous trouviez parfois ces mouvements du péché si affaiblis, qu'il vous semble que vous les ayez entièrement vaincus?

Le Chrétien - Cela arrive quand je médite ce que j'ai vu sur la croix, ou lorsque je jette les yeux sur le superbe vêtement que j'ai reçu, ou que je lis dans le mémoire que je porte en mon sein, ou, enfin, lorsque ma méditation s'échauffe au dedans de moi, en considérant le lieu où je vais. Tout cela affaiblit beaucoup les inclinations de ma nature corrompue.

La Prudence - Mais qu'est-ce qui vous fait principalement soupirer après la montagne de Sion?

Le Chrétien - Comment me faites-vous cette demande! C'est là qu'il n'y aura plus ni deuil, ni cri, ni tristesse, ni mort. C'est là que j'habiterai avec une compagnie ravissante, et que je jouirai d'un bonheur indicible. C'est là que je verrai vivant Celui que j'ai vu pendant à la croix; Je l'aime, ce bon Seigneur, parce que c'est par lui que j'ai été délivré de mon fardeau. C'est là que je serai pleinement affranchi de toutes ces faiblesses qui m'ont causé tant de peines. Je suis las de ma maladie intérieure, et je soupire ardemment après le bienheureux séjour de l'immortalité, et après cette société sainte qui chante sans cesse devant le trône de gloire: "Saint, Saint, Saint est l'Eternel des armées!" et qui publie sans interruption "les vertus de celui qui les appelés des ténèbres au royaume de sa merveilleuse lumière".

10

SUITE, ENTRETIEN RELIGIEUX

Ici la Charité prit la parole et lui demanda s'il avait une famille: - Etes-vous, lui dit-elle, engagé dans le mariage?

Le Chrétien - Oui, j'ai une femme et quatre petits enfants.

La Charité - Pourquoi ne les avez-vous pas amenés avec vous?

Le Chrétien se mit à pleurer et dit: - Avec quel plaisir ne les aurais-je pas amenés, s'ils avaient voulu répondre à mes invitations! Mais aucun d'eux n'a voulu me suivre.

La Charité - Vous deviez faire votre possible pour leur montrer à quel danger ils s'exposaient s'ils demeuraient en arrière.

Le Chrétien - C'est ce que j'ai fait; et j'ai encore tâchai de leur faire voir ce que Dieu m'avait donné à connaître de la destruction de notre ville; mais ils traitaient tout cela de folie, et ils n'ont point voulu me croire.

La Charité - Mais n'avez-vous pas demandé à Dieu qu'il voulût bénir le conseil que vous leur aviez donné?

Le Chrétien - Certainement, et même avec toute l'ardeur dont j'étais capable; car vous ne devez pas douter que ma femme et mes enfants ne me soient fort chers.

La Charité - Vous deviez leur représenter la grandeur de votre tristesse et la crainte où vous étiez de cet embrasement; car, selon moi, la destruction prochaine de votre ville est assez évidente.

Le Chrétien - C'est ce que j'ai fait plus d'une fois; et ils l'ont vu assez clairement par l'état dans lequel je me trouvais, par mes larmes et par le tremblement que cette frayeur excitait en moi. Mais rien de tout cela n'a été capable de les porter à me suivre.

La Charité - Qu'avaient-ils donc à alléguer pour justifier leur refus?

Le Chrétien - Que vous dirais-je? Ma femme craignait de quitter le monde, et mes enfants étaient accoutumés, dès leur jeune âge, à de vains divertissements. Ils alléguaient tantôt ceci tantôt cela. En un mot, ils ont usé de tant de prétextes, qu'ils m'ont laissé partir seul, comme vous le voyez.

La Charité - Mais ne démentiez-vous point vos paroles et vos exhortations par une vie relâchée?

Le Chrétien - Pour dire la vérité, je ne puis point me louer en ce qui concerne ma vie, car je suis convaincu de bien des manquements à cet égard. Je sais aussi qu'un homme peut être fort aisément une pierre de scandale aux autres, et détruire, par l'exemple de sa conduite, ce qu'il tâche de leur inspirer par des raisonnements solides et touchants. Toutefois, je puis bien dire que je me gardais très soigneusement de commettre quelque mauvaise action, et de leur fournir par là un prétexte pour rejeter mes exhortations. Ils m'accusaient même, à cause de cela, d'une trop grande rigidité, et ils me reprochaient d'avoir la conscience trop scrupuleuse. En effet, je m'abstenais, pour l'amour d'eux, de beaucoup de choses indifférentes, dans la crainte qu'ils ne vissent en moi quelque chose qui pût leur donner du scandale.

1 Corinthiens 8 : 9 - Prenez garde, toutefois, que votre liberté ne devienne une pierre d'achoppement pour les faibles.

La Charité - Il est vrai que Caïn haïssait son frère parce que ses oeuvres étaient mauvaises et que celles de son frère étaient bonnes: et si votre femme et vos enfants ont mal interprété les vôtres, ils se sont amassé par là des charbons de feu sur la tête. Je n'ai plus rien à ajouter.

1 Jean 3 : 12 - et ne pas ressembler à Caïn, qui était du malin, et qui tua son frère. Et pourquoi le tua-t-il ? parce que ses oeuvres étaient mauvaises, et que celles de son frère étaient justes.

C'est au milieu d'entretiens pareils que se passa la soirée jusqu'à ce que le souper fût préparé. Alors ils se mirent à table, et leur mets, furent selon les expressions d'un prophète, des mets délicieux, des moelles et des viandes grasses, des vins exquis et purifiés.

Esaïe 25 : 6 - L'Eternel des armées prépare à tous les peuples, sur cette montagne, Un festin de mets succulents, Un festin de vins vieux, De mets succulents, pleins de moelle, De vins vieux, clarifiés.

Tous les entretiens qu'ils eurent à table roulèrent sur le Seigneur du lieu, sur ses actions admirables, et sur la fin généreuse et charitable qu'il s'était proposé dans toute sa conduite. On comprenait bien, à leurs discours, qu'ils estimaient ce Seigneur comme un héros qui avait combattu contre celui qui avait la puissance de la mort, et l'avait vaincu, non pas cependant sans avoir été lui-même en butte aux plus grands dangers.

Hébreux 2 : 14 - Ainsi donc, puisque les enfants participent au sang et à la chair, il y a également participé lui-même, afin que, par la mort, il anéantît celui qui a la puissance de la mort, c'est-à-dire le diable,

- C'est pour cela, disait le Chrétien, que je l'aime encore davantage; car j'ai ouï dire qu'il a exposé sa vie et versé son sang pour vaincre nos cruels ennemis; Mais ce qui relève infiniment cette grâce, c'est qu'il a fait toutes ces choses par un pur amour pour les siens. Quelques-uns des serviteurs assuraient qu'ils avaient été avec lui lorsqu'il mourut sur la croix; que, dès lors, ils lui avaient encore parlé; qu'ils avaient même ouï de sa propre bouche qu'il avait un si grand amour pour les pauvres voyageurs, qu'on ne saurait trouver un pareil exemple dans tout le monde. Et pour confirmer ce qu'ils disaient, ils rappelèrent qu'il s'était dépouillé de toutes ses richesses et de toute sa gloire pour amener cet ouvrage à sa perfection en faveur des pauvres pécheurs.

2 Corinthiens 8 : 9 - Car vous connaissez la grâce de notre Seigneur Jésus-Christ, qui pour vous s'est fait pauvre, de riche qu'il était, afin que par sa pauvreté vous fussiez enrichis.

Ils ajoutèrent qu'ils lui avaient ouï dire qu'il ne voulait pas habiter seul sur la montagne de Sion, mais qu'il voulait partager sa gloire avec les siens; pour cela, il les avait élevés à la dignité de prince, bien qu'ils fussent nés dans la plus basse condition, et que de leur origine ils ne fussent que poudre et cendre.

1 Pierre 2 : 9 - Vous, au contraire, vous êtes une race élue, un sacerdoce royal, une nation sainte, un peuple acquis, afin que vous annonciez les vertus de celui qui vous a appelés des ténèbres à son admirable lumière,

1 Samuel 2 : 8 - De la poussière il retire le pauvre, Du fumier il relève l'indigent, Pour les faire asseoir avec les grands. Et il leur donne en partage un trône de gloire; Car à l'Eternel sont les colonnes de la terre, Et c'est sur elles qu'il a posé le monde.

Psaumes 103 : 14 - Car il sait de quoi nous sommes formés, Il se souvient que nous sommes poussière.

C'est ainsi qu'ils s'entretinrent jusque bien avant dans la nuit. Ensuite les maîtresses du château remirent le Chrétien à la protection du Seigneur et allèrent prendre leur repos, après l'avoir mené dans une chambre haute et fort spacieuse, nommée la Paix, dont les fenêtres regardaient au levant, et où il dormit jusqu'à ce que le jour parût. Alors il s'éveilla en chantant:

> *Ô grâce précieuse et sainte*
> *Que notre bon Sauveur veuille donner son corps,*
> *Son sang, tous ses divers trésors,*
> *A tous ceux qui marchent sans feinte*
> *Dans le chemin semé de croix,*
> *Et qui suivent ses saintes lois!*
>
> *Je sens une secrète joie*
> *Que mon sacré dépôt excite dans mon coeur.*
> *C'est lui qui guérit ma langueur*
> *Par l'efficace qu'il déploie,*
> *Et maintenant j'habite en pais*
> *Aux portes du divin palais.*

11
SUITE, CURIOSITÉS DU LIEU, DÉPART

Dès que chacun fut levé dans la maison, les mêmes personnes de la veille se rendirent dans la chambre et dirent au Chrétien qu'elles ne voulaient point le laisser partir avant de lui avoir montré les curiosités de ce lieu. Ainsi elles le menèrent d'abord dans leur cabinet, et lui montrèrent des registres de la plus merveilleuse antiquité. En premier lieu, elles lui firent voir la généalogie du Seigneur de la colline, qui portait qu'il était issu de l'Ancien des jours par une génération éternelle.

> *Michée 5 : 1 - Maintenant, fille de troupes, rassemble tes troupes ! On nous assiège; Avec la verge on frappe sur la joue le juge d'Israël.*

Là étaient aussi déduits tout au long ses faits historiques, et les noms de plusieurs milliers d'hommes qu'il avait pris à son service, et dont il avait récompensé la fidélité en les introduisant dans l'auguste palais qui ne peut être détruit par le temps.

Elles lui lurent quelques traits d'histoire concernant certaines actions mémorables de quelques-uns de ses serviteurs; comment ils avaient conquis des royaumes, exercé la justice, obtenu les promesses, fermé la gueule des lions, éteint la force du feu, échappé au tranchant de l'épée; comment ils avaient recouvré la santé, s'étaient montrés vaillants dans les batailles et avaient tourné en fuite les armées étrangères.

> *Hébreux 11 : 33 - qui, par la foi, vainquirent des royaumes, exercèrent la justice, obtinrent des promesses, fermèrent la gueule des lions, [34] éteignirent la puissance du feu, échappèrent au tranchant de l'épée, guérirent de leurs maladies, furent vaillants à la guerre, mirent en fuite des armées étrangères.*

Elles lurent dans une autre partie de ce registre que le Seigneur était disposé à recevoir chacun en grâce, quelques injustices qu'il eût commises dans le passé, tant contre sa personne que contre les siens.

Le Chrétien lut encore dans ces mémoires divers événements singuliers, comme aussi des prophéties et des menaces qui doivent avoir leur accomplissement certain, et qui ont été consignées dans ces livres, tant pour inspirer de l'effroi aux ennemis que pour donner de la consolation et du courage aux voyageurs.

Le lendemain elles le menèrent dans leur arsenal, où elles lui montrèrent toutes sortes d'armes dont le Seigneur du lieu a accoutumé de pourvoir les voyageurs, telles que l'épée, le bouclier, le casque, la cuirasse.

Ephésiens 6 : 13 - C'est pourquoi, prenez toutes les armes de Dieu, afin de pouvoir résister dans le mauvais jour, et tenir ferme après avoir tout surmonté. [14] Tenez donc ferme : ayez à vos reins la vérité pour ceinture; revêtez la cuirasse de la justice; [15] mettez pour chaussure à vos pieds le zèle que donne l'Evangile de paix; [16] prenez par-dessus tout cela le bouclier de la foi, avec lequel vous pourrez éteindre tous les traits enflammés du malin; [17] prenez aussi le casque du salut, et l'épée de l'Esprit, qui est la parole de Dieu.

1 Thessaloniciens 5 : 8 - Mais nous qui sommes du jour, soyons sobres, ayant revêtu la cuirasse de la foi et de la charité, et ayant pour casque l'espérance du salut.

Il y en avait un si grand amas qu'on en pourrait armer autant de gens qu'il y a d'étoiles au firmament.

Elles lui montrèrent aussi certains instruments à l'aide desquels quelques-uns de ses serviteurs avaient fait des exploits miraculeux: la verge de Moïse, les trompettes et les flambeaux avec lesquels le peuple d'Israël mit en déroute les Madianites, le marteau et le pieu dont se servit Jaël pour tuer Sisera, la fronde de David et la pierre avec laquelle il abattit le géant Goliath; enfin l'épée avec laquelle le Seigneur tuera tôt ou tard l'Homme de péché, quand il se lèvera pour fondre sur sa proie.

Elles lui firent encore voir plusieurs choses merveilleuses dont le Chrétien fut fort réjoui; après quoi chacun retourna en son repos.

Le lendemain, je vis qu'il se leva de bon matin pour continuer son voyage, mais les personnes du château le sollicitèrent de s'arrêter encore jusqu'au jour suivant; car, dirent-elles, nous voulons vous montrer, si le temps est serein, où sont situées les aimables collines qui doivent encore beaucoup plus contribuer à votre consolation que ce palais, parce qu'elle sont beaucoup plus proches du port désiré. Il y consentit et s'arrêta encore ce jour-là. Elles le menèrent donc le lendemain sur le faîte de la maison, et lui dirent de regarder du côté du midi: ce qu'il fit. Aussitôt il découvrit dans l'éloignement un contrée fort montueuse, ornée de bocages, de vignobles avec toutes sortes de fruits et de fleurs, de ruisseaux et de cascades, ce qui était fort agréable à voir.

Le Chrétien demanda comment se nommait ce pays; on lui répondit qu'il se nommait le pays d'Emmanuel. - il est, ajoutèrent-elles, à l'usage des pèlerins et des voyageurs, de même que cette colline-ci. Lorsque vous y serez arrivé, vous découvrirez de là la porte de la cité céleste, comme vous l'apprendront les bergers qui habitent ce pays.

Sur cela, le Chrétien prit la résolution de continuer son voyage, ce à quoi ses hôtesses consentirent sans peine; - Toutefois, dirent-elles, entrons dans l'arsenal. Là, elles le couvrirent de pied en cap d'armes à toute épreuve, en cas qu'il fût exposé à quelque assaut dans la suite de son voyage.

Ainsi armé, il marcha avec ses bonnes amies du côté de la porte, où il demanda au Portier s'il n'avait point vu passer de Pèlerin?

- Oui, répondit le Portier.

- Ah! Mon cher ami, dit le Chrétien, ne l'avez-vous point connu?

Le Portier répondit: - Je lui ai demandé son nom; il m'a répondu qu'il se nommait le Fidèle.

- Oh! dit le Chrétien, il vient aussi du pays de ma naissance; c'est mon compatriote et mon plus proche voisin. Croyez-vous qu'il soit déjà bien loin?

Le Portier - Il est au bas du coteau.

Le Chrétien - Eh bien, mon cher ami, le Seigneur soit avec vous et vous bénisse de toutes ses bénédictions pour le bien que vous m'avez fait.

Ainsi le Chrétien se mit en chemin, accompagné de la Discrétion, de la Crainte de Dieu, de la Charité et de la Prudence, qui voulurent lui faire compagnie, en réitérant leurs premiers entretiens, jusqu'au pied de la colline.

- Comme la colline est très pénible à la montée, dit le Chrétien, elle est aussi, à mon avis, très difficile et dangereuse à la descente.

- Il est vrai, dit la Prudence; c'est une chose difficile que de marcher dans la vallée d'Humilité, où vous êtes maintenant, sans faire quelques chutes ou du moins sans broncher.

Le Chrétien, voulant profiter de cet avis, marcha en descendant avec beaucoup de précaution, ce qui n'empêcha pas qu'il ne chancelât une ou deux fois.

Dès qu'il fut arrivé au bas de la colline, la compagnie prit congé de lui en lui donnant un pain, une provision de vin et quelques autres aliments, après quoi il continua son chemin.

12

COMBAT AVEC APOLLYON

Quand l'âme passe par de grandes humiliations au dehors comme au dedans, le démon renouvelle ses plus furieuses tentatives pour la détourner de la foi; mais l'âme qui reste fidèle remporte la victoire.

Quand il fut venu jusqu'à la vallée de l'Humilité, il s'y trouva dans de grandes détresses; car à peine y était-il arrivé, qu'il aperçut de loin le plus grand ennemi des âmes, nommé Apollyon, autrement Destructeur, qui venait fondre sur lui.

Le Chrétien, à son approche, se trouva saisi d'une si grande frayeur, qu'il se demanda s'il devait s'enfuir ou résister; mais ayant réfléchi qu'il n'était point armé par derrière, il pensa que ce serait donner un grand avantage à son ennemi que de lui tourner le dos; parce que de cette manière il pourrait aisément être percé de ses dards enflammés. C'est pourquoi il prit la résolution de l'attendre de pied ferme; car, disait-il en lui-même, il s'agit de ma vie; ainsi le meilleur est d'aller en avant et de combattre courageusement.

Il passa donc outre, et bientôt Apollyon le joignit. C'était un monstre épouvantable, couvert d'écailles brillantes, ce qui désigne son orgueil. Il avait les ailes d'un dragon et les pieds d'un ours. De son ventre il sortait du feu et de la fumée, et sa gueule était semblable à celle d'un lion.

D'abord ce monstre jeta sur le Chrétien des regards furieux, et lui demanda d'un ton menaçant d'où il venait, et où il se disposait à aller?

- Je viens, dit le Chrétien, de la ville de Corruption, et je m'en vais à la Cité de Sion.

Apollyon - Cela seul me prouve que tu es de mes anciens sujets, car tout ce pays-là m'appartient, et j'en suis le prince et le dieu. D'où vient que tu t'es oublié jusqu'à ce point, que de te soustraire à l'obéissance de ton roi légitime? Si je n'attendais encore de toi quelque service, je te terrasserais d'un souffle de ma bouche.

Le Chrétien - Il est vrai que je suis né sous ton empire, mais ta domination m'était insupportable, et le salaire que tu donnes à tes serviteurs est si chétif qu'il est impossible qu'un homme y puisse vivre, car le salaire du péché c'est la mort.

Romains 6 : 23 - Car le salaire du péché, c'est la mort; mais le don gratuit de Dieu, c'est la vie éternelle en Jésus-Christ notre Seigneur.

C'est pourquoi, j'ai sérieusement pensé à secouer ton joug par un sincère amendement, suivant en cela l'exemple de bien d'autres personnes sages et sensées.

Apollyon - Il n'est aucun prince ni seigneur qui puisse souffrir que ses sujets se révoltent de cette manière. Et quant à moi, je ne prétends pas que tu m'échappes avec tant de facilité. Quant aux plaintes que tu exprimes sur la dureté de mon service et sur la pauvreté du salaire, tu n'as qu'à mettre ton esprit en repos de ce côté-là. Si tu veux rentrer à mon service, je te promets de te donner tout ce que tu voudras en ce monde.

Le Chrétien - Je me suis déjà engagé à un autre souverain, savoir au Roi des rois. Ainsi n'espère plus que je veuille jamais rentrer sous ton affreuse domination.

Apollyon - Tu as fait en cela ce que porte le commun proverbe: tu as passé d'un mauvais maître à un plus rigoureux. Aussi arrive-t-il souvent que ceux qui se disent ses serviteurs lui tournent le dos en peu de temps et reviennent à moi. Fais-en de même et tu t'en trouveras bien.

Le Chrétien - Arrière de moi! Je me suis donné à ce bon Maître, et je lui ai prêté serment de fidélité. Si, après un engagement aussi sacré, je lui étais infidèle, je mériterais de périr comme un traître.

Apollyon - Tu m'as bien joué le même tour, je suis prêt à l'oublier si tu reviens à moi tout de bon et sans délai.

Le Chrétien - Ce que je te promis alors, je le fis par ignorance et parce que tu me trompais. Non seulement je sais que le Roi sous lequel je me suis enrôlé est assez bon pour me pardonner tous les péchés que j'ai commis contre lui, et même le crime détestable de m'être donné à toi; sache, ô Destructeur, qu'à dire franchement la vérité, sa domination, sa solde, sa récompense, son service, ses serviteurs et sa compagnie valent incomparablement mieux que tout ce que tu peux m'offrir. C'est pourquoi, encore une fois, cesse de me tenter plus longtemps. Je suis son serviteur, et je veux m'attacher à lui, avec une fidélité inviolable.

Apollyon - Penses-y encore une fois, et considère surtout le peu de fruit que tu peux espérer de ton voyage. La plupart de ceux qui m'abandonnent font une malheureuse fin. Tu vantes tant l'excellence de ce Maître ... mais est-il jamais sorti de son lieu pour délivrer ses serviteurs des mains de leurs ennemis? Au lieu que je suis toujours prompt à secourir ceux qui me servent, ou à les délivrer, soit par la ruse, soit par la force. Et je promets que je ne te manquerais point dans l'occasion.

Le Chrétien - Retire-toi, te dis-je.

Apollyon - Mais répond à ce que je viens de te dire.

Le Chrétien - Le Seigneur suspend quelquefois son secours, mais ce n'est que pour éprouver l'amour et la fidélité des siens. Et ce que tu appelles une fin malheureuse où ils tombent parfois, c'est ce qu'ils regardent comme la mort la plus glorieuse qui puisse terminer leurs jours; car ils ne se mettent pas en peine d'une délivrance temporelle, ils ont devant les yeux la gloire qui leur est destinée, quand le Seigneur viendra sur les nuées de l'air avec les anges de sa puissance.

Apollyon - Tu as déjà été infidèle à son service: comment oses-tu te flatter de recevoir de lui quelque récompense?

Le Chrétien - En quoi, Destructeur, lui ai-je été infidèle?

Apollyon - Dès le commencement du voyage tu t'es fatigué et tu es tombé dans le bourbier du Découragement, où tu as manqué d'être étouffé. Tu t'es ensuite engagé dans un chemin écarté pour être déchargé de ton fardeau, au lieu que tu aurais dû justement attendre que ton prince t'en déchargeât lui-même. Tu as dormi du sommeil du péché, et dans cet état tu avais perdu ce que tu devais regarder comme le plus précieux. Tu as eu la pensée de rebrousser chemin lorsque tu as vu des lions. Enfin, dans tous tes discours et dans toutes tes actions, tu aspires secrètement à ta propre gloire. Est-ce là lui être fidèle?

Le Chrétien - Tout ce que tu dis est vrai, et il y a bien d'autres choses encore que tu ne dis pas. J'avoue que j'avais tous ces défauts pendant que j'étais sous ta puissance et dans ton pays; mais j'en ai gémi en la présence de mon Seigneur, qui m'en a miséricordieusement accordé le pardon.

A ces mots, le Destructeur entra en grande fureur et s'écria d'un ton effroyable: - Je suis l'ennemi de ton prince, des ses lois et de son peuple, et je suis venu contre toi à dessein de te combattre.

- Encore une fois, s'écria le Chrétien, arrière de moi! Je suis dans la voie du Roi, et tu ne peux m'attaquer sans lui faire outrage.

Cependant Apollyon se mit en travers du chemin et dit: - J'ai secoué toute crainte; c'est pourquoi prépare-toi à la mort, car je te le jure, par mon abîme éternel, que tu ne passeras pas plus avant; c'est ici qu'il faut que tu meures.

En même temps, il lança un dard enflammé qui vint, sifflant, droit contre la poitrine du Chrétien. Mais celui-ci le repoussa avec le bouclier qu'il avait en main. Ainsi il évita le danger, mais il vit aussi qu'il était temps de se mettre en défense et de se préparer à combattre tout de bon, car Apollyon lançait ses dards sur lui avec une extrême violence, et ils volaient à l'entour de sa tête comme une grêle; de sorte que, malgré sa résistance, il en fut finalement blessé de toutes parts: la tête, le coeur, les pieds furent atteints, ce qui le fit un peu reculer. Apollyon ne manqua pas d'en profiter et de poursuivre sa victoire. De son côté, le Chrétien s'arma de tout le courage qui lui fut possible, ce qui rendait ce terrible combat plus opiniâtre et plus long.

Le Chrétien se trouva bientôt extrêmement las, et à cause de ses plaies il s'affaiblissait de plus en plus.

Apollyon, sans perdre de temps, et profitant de son avantage, s'approcha du Chrétien de plus près dans l'intention de le terrasser; et on peu dire que, s'il ne lui donna pas le coup de mort, il l'ébranla si rudement qu'il fit une terrible chute et que son épée lui tomba des mains. Peu s'en fallut même qu'Apollyon ne l'étouffât, en l'insultant en ces termes: "Maintenant je te tiens en ma puissance, maintenant je triomphe de toi".

Le Chrétien commença à perdre toute espérance de conserver sa vie.

Mais comme Apollyon allait faire ses dernier efforts pour perdre son ennemi, le Chrétien, fortifié d'une manière toute particulière par son Dieu, étendit promptement la main pour saisir son épée, ce qui lui réussit heureusement. En même temps, il s'écria: "Ne te réjouis pas, mon ennemi! Si je suis tombé, je me relèverai; et en disant cela, il frappa Apollyon d'une plaie terrible qui le fit reculer comme un homme blessé à mort.

Michée 7 : 8 - Ne te réjouis pas à mon sujet, mon ennemie ! Car si je suis tombée, je me relèverai; Si je suis assise dans les ténèbres, L'Eternel sera ma lumière.

Il étendit ses ailes de dragon, et s'envola de devant ses yeux de sorte que le Chrétien ne le revit plus. Alors, voyant qu'il avait triomphé de son ennemi, il dit:

Romains 8 : 37 - Mais dans toutes ces choses nous sommes plus que vainqueurs par celui qui nous a aimés.

Oh! Qui pourrait se représenter les cris et les rugissements dont Apollyon faisait retentir l'air pendant tout le combat, et de l'autre côté quels soupirs et quels gémissements le Chrétien poussait du fond de son coeur! Je ne pus remarquer pendant ce temps-là un seul rayon de joie sur son visage, jusqu'à ce qu'il s'aperçut qu'Apollyon avait été blessé de son épée à deux tranchants. C'est alors qu'il commença à faire éclater sa joie, en élevant les yeux au ciel pour marquer sa reconnaissance, et en chantant le cantique suivant.

Béelzébul, ce roi de la troupe infernale,
Avait lâché sur moi un de ses chefs ardents;
Ce dragon, animé de fureur sans égale,
Venait fondre sur moi sans perdre point de temps.

En vain par ses discours il tenta ma constance;
Dans un pareil combat il faut vaincre ou mourir.
Mais j'allais succomber, malgré ma résistance,
Si mon Roi n'eût été prompt à me secourir.

Oui, l'archange Michel, veillant pour ma défense,
D'un glaive à deux tranchants arma ma faible main.
Par son puissant secours j'obtins ma délivrance:
Je blessai le dragon, qui s'envola soudain.
Béni soit à jamais l'auteur de ma victoire,
Mon cher Emmanuel, mon divin protecteur!
Donne-moi désormais de vivre pour ta gloire,
Toi qui dans ce combat fus mon libérateur.

Alors j'aperçus une main qui donna au Chrétien quelques feuilles de l'arbre de vie pour les appliquer sur ses plaies, et elles furent aussitôt guéries. Sur cela, il s'assit un moment pour prendre quelque nourriture (celle qu'il avait reçue au palais Plein de Beauté); et ayant ainsi un peu repris ses forces, il se remit en chemin, tenant continuellement son épée en sa main; car, disait-il, je ne sais quel ennemi je puis encore rencontrer. Il passa cependant tranquillement la vallée sans plus recevoir aucune attaque, ni d'Apollyon ni d'aucun autre ennemi.

13

LA VALLÉE DE L'OMBRE DE LA MORT

Autres grandes épreuves. Etat de l'âme où elle se sent comme abandonnée et rejetée de Dieu, où toute lumière lui manque.

Au bout de cette vallée, il y en avait encore une autre, nommée la Vallée de l'ombre de la mort, ou la Vallée obscure, au travers de laquelle il fallait que le Chrétien passât nécessairement, car le chemin de la cité céleste passe droit par le milieu.

Psaumes 23 : 4 - Quand je marche dans la vallée de l'ombre de la mort, Je ne crains aucun mal, car tu es avec moi: Ta houlette et ton bâton me rassurent.

Cette vallée est un lieu fort solitaire, et le prophète Jérémie la dépeint comme un lieu désert, un pays de landes et montagneux, un pays sec, dans l'ombre de la mort.

Jérémie 2 : 6 - Ils n'ont pas dit : Où est l'Eternel, Qui nous a fait monter du pays d'Egypte, Qui nous a conduits dans le désert, Dans une terre aride et pleine de fosses, Dans une terre où règnent la sécheresse et l'ombre de la mort, Dans une terre Par où personne ne passe, Et où n'habite aucun homme ?

A l'entrée de cette vallée, il rencontra deux hommes, enfants de ceux qui décrièrent autrefois le bon pays de Canaan, et qui retournaient en grande hâte sur leur pas.

Nombres 13 : 32 - Et ils décrièrent devant les enfants d'Israël le pays qu'ils avaient exploré. Ils dirent : Le pays que nous avons parcouru, pour l'explorer, est un pays qui dévore ses habitants; tous ceux que nous y avons vus sont des hommes d'une haute taille; [33] et nous y avons vu les géants, enfants d'Anak, de la race des géants : nous étions à nos yeux et aux leurs comme des sauterelles.

- Où allez-vous? Leur dit le Chrétien.
- Retournez, répondirent-ils, si vous avez encore quelque souci de votre vie.
- Pourquoi cela? répondit le Chrétien. Qu'est-ce qui se passe?
- Ce qui se passe? Répondirent-ils. Nous sommes allés aussi loin qu'il est possible dans le chemin où vous voulez entrer; mais nous y avons manqué d'y laisser la vie.
- Qu'est-ce donc qui vous est arrivé? demanda le Chrétien; qu'avez-vous vu?
- La vallée obscure elle-même, dirent-ils; n'est-ce pas assez? D'épaisses ténèbres y règnent de toute part; on n'y aperçoit que des lutins, des dragons sortis de l'abîme; on y entend sans cesse des gémissements et des hurlements, comme des gens accablés sous de pesantes chaînes. En un mot, c'est un lieu dangereux et horrible.
- Je ne puis encore voir autre chose en tout ceci, dit le Chrétien, sinon que c'est le chemin par lequel je dois passer pour parvenir au terme de mon voyage.
- Si c'est là votre chemin, dirent-ils, nous ne voulons pas vous suivre ... En même temps ils se séparèrent du Chrétien, qui continua son chemin, tenant toujours son épée à la main, de peur d'être surpris.

Je vis aussi qu'au côté droit de la vallée il y avait tout le long du chemin un profond fossé (où sont tombés, de tout temps, les aveugles qui conduisent d'autres aveugles, et où ils ont misérablement péri). A la gauche, il y avait un marais tellement rempli de fange et de boue, que lorsqu'un voyageur vient à y tomber, son pied ne trouve point de fond. C'est celui où le roi David tomba une fois, et où il aurait misérablement péri si le Tout-Puissant ne l'en eût retiré.

Psaumes 69 : 3 - J'enfonce dans la boue, sans pouvoir me tenir; Je suis tombé dans un gouffre, et les eaux m'inondent.

Le sentier était aussi extrêmement étroit, et c'est ce qui augmentait le péril; car, comme le Chrétien marchait dans l'obscurité, il s'exposait à tomber dans le marais lorsqu'il voulait éviter le fossé; et, au contraire, il s'exposait à tomber dans celui-ci quand il voulait éviter le marais; de sorte qu'il marchait avec beaucoup d'inquiétude et de peine.

Environ au milieu de cette vallée, assez près du chemin, était un des gouffres qui conduisent à l'enfer. Le feu, la fumée et les cris effroyables qui sortaient de cet abîme épouvantèrent tellement le Chrétien, lorsqu'il y fut arrivé, qu'il s'arrêta tout court, disant en lui-même: "Hélas! Que faut-il que je fasse?". Et comme son épée lui était alors inutile, il fut contraint de la remettre dans le fourreau et de recourir à d'autres armes, savoir à la prière continuelle.

Psaumes 116 : 2 - Car il a penché son oreille vers moi; Et je l'invoquerai toute ma vie.

Je l'entendais crier: "Délivre mon âme, ô Eternel!". Et comme il passait outre, le feu l'approcha de si près, il entendit des cris si épouvantables et de tels éclats, qu'il craignit souvent d'être mis en pièces et foulé comme la boue des rues. Il entendit ces cris affreux et vit ces objets d'horreur pendant quelques heures en chemin. Et comme il lui semblait entendre le bruit d'une troupe d'ennemis qui étaient aux prises, il s'arrêta quelques temps pour délibérer sur ce qu'il aurait à faire.

Il lui prenait quelquefois l'envie de rebrousser chemin, mais réfléchissant ensuite qu'il avait bien passé la moitié de la vallée et qu'il avait déjà surmonté tant de dangers, il comprit qu'il y aurait encore plus de péril à rebrousser chemin qu'à poursuivre son voyage. Et il prit la résolution de passer outre.

Cependant, il lui semblait quelquefois que les ennemis approchaient toujours davantage et qu'il allait les avoir sur les bras, ce qui fit qu'il s'écria, comme pour s'encourager lui-même: "Je veux avancer en la force du Seigneur des seigneurs". Là-dessus, ils prirent tous la fuite et ne parurent plus.

Il y a encore une chose que je ne dois pas oublier ici: c'est que ce pauvre Chrétien était si étonné, qu'il ne reconnaissait plus sa propre voix. Et je m'aperçus que vis-à-vis de l'abîme un de ces méchants vint par derrière, et s'approchant de lui doucement, lui soufflait fort bas et fort vite dans les oreilles plusieurs affreux blasphèmes, qu'il croyait sortir de son propre coeur: ce qui lui causait plus d'inquiétude que tout ce qui lui était arrivé précédemment, ne pouvant comprendre comment il se faisait qu'il vomît maintenant des blasphèmes contre Celui qu'il avait jusqu'alors tant aimé. Mais ce qui augmentait sa douleur, c'était de voir qu'il ne pouvait dissiper ces blasphèmes, quelque effort qu'il fît pour cela.

Il marcha pendant quelques temps dans ce triste état, et, chemin faisant, il lui sembla ouïr un peu devant lui la voix d'un homme qui disait: "Encore que je chemine dans la vallée de l'ombre de la mort, je ne crains point, car tu es avec moi". Le Chrétien fut ravi de cette rencontre, pour bien des raisons.

Psaumes 23 : 4 - Quand je marche dans la vallée de l'ombre de la mort, Je ne crains aucun mal, car tu es avec moi: Ta houlette et ton bâton me rassurent.

Premièrement, parce qu'il venait d'entendre des paroles lui rappeler que Dieu était avec lui, bien qu'il fût dans un état si triste et si accablant. Pourquoi, disait-il en lui-même, cela ne serait-il pas, quoique plusieurs obstacles m'empêchent de la voir ou de la comprendre?

Deuxièmement, parce qu'il en tirait cette conclusion, qu'il y avait des personnes dans cette vallée qui craignaient le Seigneur aussi bien que lui.

Troisièmement, parce qu'il en conçut l'espérance qu'en se pressant un peu il pourrait atteindre celui qui marchait devant lui, et qu'ainsi il aurait bientôt bonne compagnie.

Aussi, ayant pris courage, il doubla le pas. Et quand il se crut assez près de celui qui marchait devant lui il l'appela à haute voix. Mais il fut bien surpris d'entendre qu'on lui demandait pourquoi il était ainsi seul. Cependant le jour vint aussitôt à paraître, ce qui lui fit dire: "Il change les ténèbres en l'aube du jour".

La lumière du jour étant ainsi éclose, il essaya de regarder une fois derrière lui, non qu'il eût quelques penchants à retourner en arrière, mais pour voir quels dangers il avait courus pendant les ténèbres. C'est alors qu'il vit distinctement le fossé d'un côté et le marais de l'autre; Il aperçut en même temps combien est étroit le sentier par lequel il avait était obligé de marcher. Et quoique les lutins, les dragons et les sauterelles de l'abîme fussent assez loin, ne s'étant point approché dès que le jour eut paru, il les aperçut assez distinctement, selon qu'il est écrit:

Job 12 : 22 - Il met à découvert ce qui est caché dans les ténèbres, Il produit à la lumière l'ombre de la mort.

14

LE FIDÈLE

L'âme retrouve la lumière et rencontre une autre âme animée des mêmes sentiments.

Le Chrétien fut sensiblement touché de la délivrance qu'il avait obtenue de tous les dangers auxquels il avait été exposé dans cette triste voie, qu'il vit alors encore plus clairement le soleil étant levé. C'était pour lui un très grand avantage, car il faut savoir que, quoique la première partie de la vallée eût été très périlleuse, celle qui restait à passer l'était encore davantage, parce que, depuis l'endroit où il se trouvait alors jusqu'au bout de la vallée, le chemin était si rempli de pièces d'artillerie, de filets, de creux et de fossés, que s'il avait fait aussi obscur qu'auparavant, il y aurait perdu mille vies, s'il les avait eues. Mais comme je l'ai dit, le soleil était levé sur lui. C'est pourquoi, il dit: "Son flambeau brille sur ma tête, et avec sa lumière je marche à travers les ténèbres".

A la faveur de cette lumière, il arriva au bout de la vallée, et vint dans un endroit où il y avait quantité de sang, d'os et de cendres placés pêle-mêle, comme aussi plusieurs cadavres de pèlerins qui avaient autrefois marché dans cette voie.

Et comme j'étais en peine de ce que cela pouvait signifier, je remarquai un peu devant lui une caverne où avaient habité autrefois deux géants qui, par leur puissance tyrannique, avaient mis à mort ces malheureux hommes.

Le Chrétien passe à travers tous ces objets sans beaucoup de dangers, ce qui m'étonna d'abord. Mais ensuite j'appris qu'un de ces géants était mort il y a déjà plusieurs années, et que, quoique l'autre fût encore en vie, il était si perclus et si affaibli par la vieillesse, qu'il n'avait plus la force de faire beaucoup de mal, mais seulement de se tenir à l'entrée de sa caverne, d'où il ne témoignait plus guère sa rage contre les voyageurs que par des gestes horribles, se rongeant les ongles de dépit, sans plus pouvoir exercer ses brigandages précédents.

Le Chrétien passa donc son chemin, ne sachant néanmoins que penser de ce vieillard qu'il voyait assis dans cette caverne, surtout lorsqu'il l'entendit crier: "Va, va, je ne te traiterai pas plus doucement que les autres, et j'en ferai brûler encore plus d'un".

Mais le Chrétien, sans dire mot, continua sa route en toute sûreté, et avec un visage content il se mit à chanter ce qui suit.

> *Que de surprenantes merveilles*
> *Ta sagesse infinie a fait voir à mes yeux!*
> *Mon Dieu, que ne puis-je en tous lieux*
> *Célébrer hautement tes bontés sans pareilles!*
>
> *Mon âme était environnée*
> *De pièges et d'écueils, de ténèbres, d'horreurs,*
> *De la mort et de ses frayeurs;*
> *Mais ta puissante main, Seigneur, l'a délivrée.*
>
> *A travers d'affreux précipices,*
> *Malgré mes ennemis, l'enfer et ses suppôts,*
> *Tu m'as conduit vers ton repos,*
> *Et tu veux me combler d'immortelles délices.*
>
> *C'est là que, rempli d'allégresse,*
> *Sauvé par ton secours, comblé de tes bienfaits,*
> *Je veux célébrer à jamais*
> *De tes faits glorieux la profonde sagesse.*

Ainsi il arriva à une hauteur qui était élevée exprès, afin que les voyageurs qui passent pas là pussent voir devant eux où ils doivent marcher. Il y monta légèrement, et, regardant de tous côtés, il découvrit devant lui le Fidèle, qui tenait le même chemin.

- Ecoutez, écoutez, lui cria-t-il, attendez-moi. Je veux aller avec vous?

Le Fidèle regarda autour de lui, ne sachant qui le Chrétien appelait. Mais celui-ci continua à lui crier qu'il voulût bien l'attendre.

- Je crains le vengeur du sang, lui répondit l'autre; ma vie dépend de là.

Le Chrétien fut un peu blessé de cette réponse. Cependant il rassembla toutes ses forces, et non seulement il atteignit le Fidèle, mais il le devança de sorte que le dernier fut le premier, et que le Chrétien commença à rire d'un rire moqueur de ce qu'il avait ainsi devancé son frère. Mais, parce qu'il ne prenait pas garde à ses pieds, il broncha lourdement et tomba par terre sans pouvoir se relever jusqu'à ce que le Fidèle vint à son secours.

Après cela, ils continuèrent ensemble leur chemin de bonne amitié, et j'entendis qu'il s'entretenaient agréablement sur ce qui leur était arrivé dans leur voyage. Le Chrétien commença de cette manière.

- Mon très-honoré et bien-aimé frère, j'ai beaucoup de joie de vous avoir atteint et de ce que, par la grâce de Dieu, nous sommes en état de faire ensemble un voyage aussi beau que celui-ci.

Le Fidèle - Je croyais, mon cher ami, que j'aurai le bonheur de votre compagnie depuis mon départ de votre ville, mais vous aviez déjà beaucoup d'avance sur moi, et j'ai été obligé de faire tout seul ce long chemin.

Le Chrétien - Combien de temps avez-vous encore demeuré dans notre ville depuis mon départ?

Le Fidèle - Aussi longtemps que j'osai y rester, car d'abord, après votre départ, il courut un bruit que notre ville allait être sous peu réduite en cendres par le feu et le soufre du ciel.

Le Chrétien - Ces discours furent-ils répandus parmi nos voisins?

Le Fidèle - Oui, certainement. On n'entendait parler d'autre chose pendant quelques temps.

Le Chrétien - Est-il vrai? Mais ne s'est-il trouvé personne qui ait voulu faire quelque effort pour éviter ce danger?

Le Fidèle - A la vérité on en parlait beaucoup, comme je vous l'ai dit, mais je ne crois pas qu'ils en fussent fortement persuadés; car, dans leurs entretiens les plus sérieux, ils riaient souvent de vous et de votre voyage désespéré (c'est ainsi qu'il nommait votre pèlerinage). Mais, quant à moi, j'ai bien cru et je crois encore toujours que notre ville doit prendre fin par le feu et le soufre: c'est pourquoi je m'en suis retiré.

Le Chrétien - N'avez-vous pas ouï parler de notre voisin Facile?

Le Fidèle - Oui, Chrétien; j'appris qu'il vous avait accompagné jusqu'au Bourbier du Découragement, où quelques-uns disaient qu'il était tombé, quoiqu'il ne voulut pas l'avouer. Toutefois je n'en ai point douté, puisqu'il était encore couvert de boue.

Le Chrétien - Et que disaient ces voisins?

Le Fidèle - Il était généralement méprisé de tous; quelques-uns se moquaient de lui et lui riaient au nez; d'autres faisaient difficulté de lui donner à travailler; lui-même, il est maintenant sept fois pire qu'il n'était avant de sortir de la ville.

Matthieu 12 : 43 - Lorsque l'esprit impur est sorti d'un homme, il va par des lieux arides, cherchant du repos, et il n'en trouve point. 44 Alors il dit : Je retournerai dans ma maison d'où je suis sorti; et, quand il arrive, il la trouve vide, balayée et ornée. 45 Il s'en va, et il prend avec lui sept autres esprits plus méchants que lui; ils entrent dans la maison, s'y établissent, et la dernière condition de cet homme est pire que la première. Il en sera de même pour cette génération méchante.

2 Pierre 2 : 20 - En effet, si, après s'être retirés des souillures du monde, par la connaissance du Seigneur et Sauveur Jésus-Christ, ils s'y engagent de nouveau et sont vaincus, leur dernière condition est pire que la première. 21 Car mieux valait pour eux n'avoir pas connu la voie de la justice, que de se détourner, après l'avoir connue, du saint commandement qui leur avait été donné. 22 Il leur est arrivé ce que dit un proverbe vrai : le chien est retourné à ce qu'il avait vomi, et la truie lavée s'est vautrée dans le bourbier.

Le Chrétien - Mais comme ils n'avaient que de la haine et du mépris pour ceux qui entreprenaient ce voyage, il semble que Facile, abandonnant cette entreprise pour rentrer en commerce avec eux, en devrait être bien reçu plutôt que maltraité.

Le Fidèle - Oh! Disaient-ils, c'est une girouette; il faudrait pendre ces gens qui sont si légers et si infidèles dans leur conduite. Je crois que Dieu avait suscité ces ennemis pour le punir par un juste jugement de ce qu'il avait ainsi abandonné ses voies.

Le Chrétien - N'avez-vous jamais eu d'entretien avec lui avant votre départ?

Le Fidèle - Je l'ai rencontré une fois dans la rue, mais il passa de l'autre côté sans me dire mot, comme un homme qui a honte de ses actions; et ainsi je ne puis lui parler.

Le Chrétien - J'avais d'abord eu bonne opinion de cet homme, mais il est à craindre maintenant qu'il ne soit enveloppé dans la destruction de la ville, car il lui est arrivé ce qu'on dit par un proverbe très véritable:

> *2 Pierre 2 : 22 - Il leur est arrivé ce que dit un proverbe vrai : le chien est retourné à ce qu'il avait vomi, et la truie lavée s'est vautrée dans le bourbier.*

Le Fidèle - C'est aussi ce que je crains, mais qu'y faire, quand on le veut ainsi?

Le Chrétien - C'est pourquoi, mon cher Fidèle, laissons-le, et parlons des choses qui nous touchent de plus près. Apprenez-moi, je vous prie, tout ce qui vous est arrivé sur votre route, car je ne doute point qu'il ne vous soit arrivé de grandes choses, ou ce serait fort extraordinaire.

15

SON HISTOIRE, LA VOLUPTÉ, LE PREMIER ADAM, MOÏSE

Expérience d'une autre âme principalement assaillie par les convoitises de la chair. Différence du système de la loi et de celui de la grâce.

Le Fidèle - J'ai passé sans accident le Bourbier du Découragement, où, comme je crois m'en apercevoir, vous êtes tombé. Je suis arrivé fort heureusement, et sans aucun danger, à la porte étroite. Je rencontrai seulement une personne qui se nommait la Volupté, et qui, selon les apparences, aurait pu me faire bien du mal.

Le Chrétien - Quel bonheur que vous ayez échappé à ses filets! Joseph en fut aussi un jour fortement attaqué, mais il lui échappa comme vous.

Genèse 39 : 6 - Il abandonna aux mains de Joseph tout ce qui lui appartenait, et il n'avait avec lui d'autre soin que celui de prendre sa nourriture. Or, Joseph était beau de taille et beau de figure. [7] Après ces choses, il arriva que la femme de son maître porta les yeux sur Joseph, et dit : Couche avec moi ! [8] Il refusa, et dit à la femme de son maître : Voici, mon maître ne prend avec moi connaissance de rien dans la maison, et il a remis entre mes mains tout ce qui lui appartient. [9] Il n'est pas plus grand que moi dans cette maison, et il ne m'a rien interdit, excepté toi, parce que tu es sa femme. Comment ferais-je un aussi grand mal et pécherais-je contre Dieu ? [10] Quoiqu'elle parlât tous les jours à Joseph, il refusa de coucher auprès d'elle, d'être avec elle. [11] Un jour qu'il était entré dans la maison pour faire son ouvrage, et qu'il n'y avait là aucun des gens de la maison, [12] elle le saisit par son vêtement, en disant : Couche avec moi ! Il lui laissa son vêtement dans la main, et s'enfuit au dehors.

Que vous disait-elle, je vous prie?
Le Fidèle - Vous pouvez bien vous l'imaginer; var vous n'ignorez pas combien elle est flatteuse et engageante. Elle me pressa fort de marcher à ses côtés, me promettant toute sorte de plaisirs.

Le Chrétien - Oui, mais elle ne vous promettait sûrement pas le contentement d'une bonne conscience.

Le Fidèle - Vous jugez bien que c'était toutes sortes de plaisirs charnels et vicieux.

Le Chrétien - Béni soit Dieu que vous en soyez sorti! Celui que l'Eternel rejette y tombera.

Le Fidèle - Cela est vrai, mais je n'ose me flatter d'en être entièrement délivré.

Le Chrétien - Pourquoi non? J'ose m'assurer que vous n'avez pas accompli ses désirs.

Le Fidèle - Je m'en suis bien gardé de peur de me souiller; car je me suis souvenu d'un ancien écrit que j'avais lu autrefois, et qui dit: Son allure descend au sépulcre.

Proverbes 5 : 5 - Ses pieds descendent vers la mort, Ses pas atteignent le séjour des morts.

C'est pourquoi je fis un accord avec mes yeux, de peur d'être enchaîné par la magie de ses regards attrayants. Quand elle me vit dans ces dispositions, elle se moqua de moi, et je passai mon chemin.

Le Chrétien - Vous n'avez point eu d'autres attaques sur votre route?

Le Fidèle - Lorsque j'arrivai au Coteau des Difficultés, je rencontrai un vieillard décrépit, qui me demanda qui j'étais et où j'allais. Je répondis à ses questions. Alors il me dit: "Ecoutez, vous me paraissez un bon garçon. Si vous voulez vous arranger avec moi et rester dans ma compagnie, je vous donnerai un bon salaire". Quand je lui demandai son nom, il me répondit qu'il se nommait le premier Adam et qu'il demeurait dans la ville de Séduction.

Ephésiens 4 : 22 - à vous dépouiller, eu égard à votre vie passée, du vieil homme qui se corrompt par les convoitises trompeuses,

Je lui demandai quel était son métier et quel salaire il voulait me donner. Il me répondit que son métier était fort agréable, et que j'aurais son héritage pour salaire.

Romains 6 : 23 - Car le salaire du péché, c'est la mort; mais le don gratuit de Dieu, c'est la vie éternelle en Jésus-Christ notre Seigneur.

Je lui demandai ensuite s'il avait une nombreuse famille. Il me dit alors que tous ceux de sa maison étaient bien à leur aise, que chacun pouvait y goûter toute sorte de divertissements mondains, et que ses serviteurs étaient ses propres descendants; qu'il avait surtout trois filles distinguées: la Convoitise de la chair, le Convoitise des yeux et l'Orgueil de la vie (1 Jean 2:6), et que, si je voulais, il m'unirait à l'une d'entre elles. Je lui demandai aussi pour combien de temps il voulait m'avoir à son service. - Toute ta vie, me répondit-il.

Le Chrétien - Et comment vous tirâtes-vous enfin d'affaire avec lui?

Le Fidèle - D'abord j'avais beaucoup de penchant à le suivre, et je fus sur le point de me laisser séduire par ses fausses douceurs. Mais dans le temps que je m'entretenais avec lui, je jetai les yeux sur son front et j'y vis écrit ces mots: Dépouillez le vieil homme avec ses convoitises.

Ephésiens 4 : 22 - à vous dépouiller, eu égard à votre vie passée, du vieil homme qui se corrompt par les convoitises trompeuses,

Dès ce moment je me senti fort ému, et je ne doutai plus, malgré ses paroles attrayantes et ses flatteries, que son dessein ne fût de me vendre comme esclave. C'est pourquoi je lui dis qu'il devait se taire et que je ne voulais pas seulement approcher de la porte de sa maison. Alors il me couvrit de mépris et me dit qu'il me ferait suivre par quelqu'un de ses serviteurs, qui ne cesserait de me harceler et de me chagriner pendant tout le chemin. Lorsque je voulus le quitter, je sentis qu'il serait ma chair de fort près, et en même temps il me donna un coup si affreux qu'il me sembla qu'il emportait avec lui une partie de moi-même; ce qui me fit crier: "Ah! Malheureux que je suis!". Ainsi, je me mis à monter la colline. Comme j'eus fait à peu près la moitié du chemin, j'aperçus, derrière moi, quelqu'un qui venait droit vers moi. Il était aussi léger que le vent, et il m'atteignit précisément à l'endroit où est le lieu de repos.

Le Chrétien - C'est dans ce même endroit que je fus surpris par le sommeil, et que je perdis mon mémoire.

Le Fidèle - Cet homme ne m'eut pas plus tôt atteint qu'il me renversa par terre d'un coup de bâton, et je restai comme mort. Cependant, après être un peu revenu à moi, je lui demandai pourquoi il me traitait de la sorte. Il me répondit que c'était parce que j'avais encore une secrète inclination pour le premier Adam, et en même temps il me frappa d'une autre coup mortel à la poitrine, de sorte que je tombai de nouveau à la renverse et que je demeurai étendu à ses pieds comme si j'eusse été mort. Mais ayant repris un peu de forces, je m'écriai: "Ayez un peu de miséricorde!". - Je ne sais, répondit-il, ce que c'est la miséricorde; et il me terrassa derechef. Sans doute qu'il aurait achevé de me tuer si quelqu'un ne fût survenu, qui lui commanda de me laisser.

Le Chrétien - Qui était-ce donc que celui-là?

Le Fidèle - Je ne le connus pas du premier abord, mais je remarquai ensuite qu'il avait les mains et le côté percé, ce qui me fit penser que c'était notre Seigneur; et ainsi j'achevai de monter la colline.

Le Chrétien - Cet homme qui fondit ainsi sur vous, c'était Moïse. Il n'épargne personne, et il ne sait ce que c'est de montrer de la compassion à ceux qui violent sa loi.

Le Fidèle - Je le sais très bien, car ce n'était pas la première fois que je l'avais rencontré. C'est encore lui qui vint une fois chez moi, dans le temps où j'étais tranquille dans ma maison, me menaçant de brûler ma maison sur ma tête si j'y restais encore tant soit peu de temps.

Le Chrétien - Mais n'avez-vous pas vu au même endroit où Moïse vous rencontra la maison qui est sur le côté de la colline?

Le Fidèle - Oui, et même avant d'y arriver j'ai aussi rencontré les lions; mais je crois qu'ils dormaient tous alors. Et comme il était environ midi, et que j'avais du jour de reste, je passait outre le portier sans m'arrêter, et je descendis.

Le Chrétien - En effet, le portier m'a dit qu'il vous avait vu passer. Je souhaiterais que vous vous fussiez arrêté dans cette maison. Vous y auriez vu plusieurs choses rares et remarquables qui seraient difficilement sorties de votre esprit pendant toute votre vie. Mais dites-moi, mon cher ami, n'avez-vous rencontré personne dans la vallée de l'Humilité?

Le Fidèle - Pardonnez-moi, je rencontré un homme nommé Mécontent, qui fit des efforts pour me faire rebrousser chemin, sous prétexte qu'il n'y avait point d'honneur dans toute cette vallée, et que j'offenserais extrêmement tous mes amis, l'Orgueil, la Fierté, la Tromperie de soi-même, l'Honneur mondain, et plusieurs autres qu'il se vantait de connaître particulièrement.

Le Chrétien - Que lui répondîtes-vous?

Le Fidèle - Je lui dis qu'à la vérité tous ces gens-là qu'il venait de me nommer étaient de ma parenté (puisqu'en effet ils étaient mes parents selon la chair), mais que, depuis que je m'étais mis en voyage, ils avaient renoncé à cette parenté, de même que je l'avais fait aussi de mon côté, et que je les regardais désormais comme si je ne les avais jamais connus. J'ajoutai encore ces paroles de Salomon:

Proverbes 16 : 18 - L'arrogance précède la ruine, Et l'orgueil précède la chute.

Et je lui dis que j'aimais mieux, selon la pratique des plus sages, parvenir à la gloire par cette vallée, que de conserver cet honneur qu'il trouvait si digne de son attachement. Là-dessus, nous nous quittâmes.

16

SUITE DU RÉCIT DU FIDÈLE, LA HONTE

Obstacle que la fausse honte met aux progrès de l'âme chrétienne.

Le Chrétien - N'y avez-vous rencontré personne d'autre?

Le Fidèle - J'y rencontrai encore la Honte, qui est celui de tous ceux que j'ai trouvés sur ma route à qui le nom qu'il porte convient le moins; car les autres souffraient encore que je leur résistasse ou que je leur répliquasse quelque chose. Mais pour cet orgueilleux visage de la Honte, on ne peut rien trouver qui le réduise au silence.

Le Chrétien - Qu'est-ce donc qu'il vous dit?

Le Fidèle - Il me fit mille objections contre la religion; C'était, disait-il, une chose vile et méprisable que de se montrer si entiché de l'idée de servir Dieu; une chose indigne d'une âme éclairée que d'avoir la conscience si délicate. C'était s'exposer à l'opprobre du monde que de veiller si soigneusement sur ses discours et sur ses actions, et de se priver de la noble liberté dont les beaux esprits de notre temps ont accoutumé d'user. Il m'alléguait aussi qu'il y avait peu de riches, de puissants et de gens comme il faut qui entrassent dans mes sentiments, et qui fussent ainsi disposés à quitter tout pour un je ne sais quoi. Il parlait avec beaucoup de mépris de l'état chétif et abject de ceux qui, en leur temps, avaient été les plus fameux pèlerins, comme aussi de leur ignorance et du peu d'intelligence qu'ils ont eue dans toutes les sciences.

1 Corinthiens 1 : 26 - Considérez, frères, que parmi vous qui avez été appelés il n'y a ni beaucoup de sages selon la chair, ni beaucoup de puissants, ni beaucoup de nobles.

1 Corinthiens 2 : 4 - et ma parole et ma prédication ne reposaient pas sur les discours persuasifs de la sagesse, mais sur une démonstration d'Esprit et de puissance,

En un mot il m'objecta beaucoup d'autres choses que je saurais toutes rapporter. Il disait, par exemple, que c'était une honte, lorsqu'on était à un sermon, d'y soupirer et d'y gémir; que c'était une honte de se lamenter et de pleurer dans sa maison; que c'était une honte de demander pardon à son prochain pour quelque légère offense, et de lui faire restitution quand on lui avait causé quelque dommage; que c'était une honte de fréquenter des personnes de le lie du peuple, quelque honnêtes gens qu'elles fussent; de renoncer au commerce des grands pour quelque faiblesse (c'est le nom radouci qu'il donnait aux vices capitaux). Bref, il me tint beaucoup de discours que je ne saurais vous rapporter.

Le Chrétien - Que lui disiez-vous là-dessus?

Le Fidèle - Au commencement, je ne savais presque que lui répliquer. Il me pressait si fort que j'étais prêt à me laisser gagner, et le sang me montait déjà au visage. Mais enfin je fis réflexion que tout ce qui est grand devant les hommes est une abomination devant Dieu.

Luc 16 : 15 - Jésus leur dit : Vous, vous cherchez à paraître justes devant les hommes, mais Dieu connaît vos coeurs; car ce qui est élevé parmi les hommes est une abomination devant Dieu.

Puis je pensai que la Honte ne faisait mention que des hommes, et ne disait pas un seul mot de Dieu ni de sa Parole. Je me dis aussi qu'au dernier jour nous serons destinés à la vie ou à la mort, non point selon les esprits sublimes de ce monde, mais selon la sagesse et la loi du Très-Haut. C'est pourquoi, je conclus qu'il était plus sûr de se conformer à la Parole de Dieu qu'au jugement trompeur de tous les hommes du monde. Puis donc que Dieu élève son service au-dessus de tout, puisqu'il fait cas d'une conscience délicate, puisque ceux qui sont rendus fous pour le royaume des cieux sont les plus sages, et qu'un pauvre qui aime Jésus Christ est plus riche que le plus grand du monde qui ne l'aime pas. "Arrière de moi!", m'écriai-je, Honte, ennemi de ma félicité.

1 Corinthiens 3 : 18 - Que nul ne s'abuse lui-même : si quelqu'un parmi vous pense être sage selon ce siècle, qu'il devienne fou, afin de devenir sage.

Quoi! Faudrait-il que je te reçusse et que je m'arrêtasse à toi au préjudice de mon Souverain? Comment oserais-je le regarder à sa venue, si j'avais honte maintenant de ses voies et de ses serviteurs?

Marc 8 : 38 - Car quiconque aura honte de moi et de mes paroles au milieu de cette génération adultère et pécheresse, le Fils de l'homme aura aussi honte de lui, quand il viendra dans la gloire de son Père, avec les saints anges.

Et comment pourrais-je espérer mon salut?

Mais cet homme, la Honte, n'était, au fond, qu'un misérable orgueilleux, et j'eus bien de la peine à m'en défaire, car il voulait à toute force m'accompagner, me soufflant tantôt ceci, tantôt cela, et me faisant, au sujet de la piété, tantôt un reproche, tantôt un autre. Mais enfin je lui dis qu'il perdait son temps à me parler davantage, puisque c'était précisément dans ces choses qu'il méprisait si fort que je faisais consister ma plus grande gloire. Par là je fus délivré de cet hôte importun, et, après m'en être débarrassé, je m'assis et me mis à chanter.

Qu'une âme qui ne soupire
Qu'après les solides biens
Ressent un cruel martyre
Du monde et de ses liens!

Si parfois elle se flatte
D'avoir surmonté la chair
Un nouveau danger éclate
Un nouvel assaut la perd.

Sa subtile tromperie
Ses aiguillons, ses attraits,
Rendent amère la vie
A tous les enfants de paix.

Celui donc qui sera sage
Et qui veut heureusement
Finir son pèlerinage
Qu'il se porte vaillamment.

Qu'il se prescrive une tâche,
Sans plus jamais se lasser;
Qu'il combatte sans relâche
Tout ce qui peut le blesser.

Que jour et nuit il se garde
De ses propres mouvements,
Des appas de la paillarde
Et de ses enchantements.

Car celui qui se rengage,
Etant sorti de ses lacs,
s'expose à faire un naufrage
Dont il ne reviendra pas.

Le Chrétien - Je suis ravi, mon frère, que vous ayez résisté si courageusement à ce vaurien (car on ne peut lui donner d'autre nom, et, comme vous dites, il porte un nom qui ne lui convient nullement). Il se nomme la Honte, et c'est l'homme le plus effronté, qui cherche à nous couvrir de confusion devant tout le monde, et qui voudrait nous forcer à rougir de ce qui est véritablement bon et louable: en quoi il fait voir qu'il a lui-même rejeté toute pudeur. C'est pourquoi résistons-lui vigoureusement, si nous sommes sages, car il n'y a que les fous qui s'y laissent prendre.

Le Fidèle - Je crois que contre cet ennemi, la Honte, nous devons appeler à notre secours les règles, l'exemple et les promesses de Celui qui est venu pour nous faire triompher sur terre dans la vérité.

Le Chrétien - Vous dites vrai. Mais n'avez-vous point eu d'autre rencontre dans cette vallée?

Le Fidèle - Aucune, car le soleil m'a éclairé pendant tout le chemin, et même dans la vallée de l'Ombre de la mort.

Le Chrétien - Cela a été un grand bonheur pour vous. Quant à moi, je puis bien vous dire que je n'ai pas été aussi heureux.

Là-dessus le Chrétien raconta à son compagnon son combat avec le Destructeur, le danger qu'il y avait couru, sa merveilleuse délivrance et le chemin périlleux de la Vallée obscure, où, ajouta-t-il, je n'ai pas vu un seul rayon de lumière pendant presque la moitié du chemin, de sorte que deux ou trois fois je crus que j'allais périr. Mais enfin le jour parut, et, le soleil étant levé, je continuai mon chemin plus à mon aise.

17

LE CHRÉTIEN DE PAROLES

Triste tableau d'un homme qui n'est chrétien que des lèvres.

Le Fidèle s'étant alors tourné, vit dans quelque éloignement un homme qui se nommait le Chrétien de paroles. C'était un homme gros et grand, mais qui cependant paraissait beaucoup plus de loin que de près. Le Fidèle s'approcha de lui et lui dit: - Mon ami, venez-vous aussi à la Patrie céleste?

Le Chrétien de paroles - Oui, c'est mon dessein.

Le Fidèle - Voilà qui est bien, et j'espère, si c'est là votre intention, que nous nous tiendrons bonne compagnie.

Le Chrétien de paroles - Je m'en ferai un plaisir.

Le Fidèle - Cheminons donc ensemble, et, pour ne pas nous ennuyer en chemin, entretenons-nous de quelques sujets édifiants.

Le Chrétien de paroles - C'est là mon plaisir, de parler de bonnes choses, soit avec vous, soit avec d'autres, et je suis ravi d'avoir trouvé un homme de votre trempe. Car, pour dire la vérité, il y en a peu qui cherchent à employer ainsi leur temps dans le voyage. Ils aiment mieux parler de choses inutiles: c'est ce que j'ai souvent remarqué avec regret.

Le Fidèle - Cela est tout à fait déplorable; qu'y a-t-il, en effet, de plus digne de nos entretiens sur la terre, que les choses qui concernent Dieu et notre bonheur céleste!

Le Chrétien de paroles - On ne peut rien dire de mieux. Il n'y a donc rien dont on puisse s'entretenir avec plus d'agrément et d'utilité tout ensemble, que de choses divines. Chacun a là de quoi satisfaire son penchant particulier, autant celui qui se plaît dans la recherche des vertus secrètes de la nature, que celui qui aime les choses surnaturelles, soit qu'on veuille pénétrer dans l'avenir, où qu'on s'attache à l'histoire; car on trouve dans l'Ecriture les choses les plus curieuses sur toutes ces matières.

Le Fidèle - Cela est vrai; mais il me semble que le but de notre entretien doit être l'édification et l'amendement de notre vie.

Le Chrétien de paroles - C'est ce que je dis aussi, et c'est dans ce but qu'une conversation chrétienne est surtout utile. Un homme peut acquérir par ce moyen beaucoup de connaissances, telles que celles de la vanité des choses d'ici-bas, et du prix des choses célestes. Par ce moyen encore, on apprend à comprendre l'oeuvre de la régénération, l'imperfection de nos oeuvres, la nécessité de la justice de Christ et autres choses semblables. Par ce moyen, on peut aussi apprendre ce que s'est se convertir, croire, prier, souffrir. On peut apprendre quelles sont les promesses et les consolations de l'Evangile capables de nous fortifier. En un mot, on peut apprendre à réfuter la fausse doctrine, à défendre la vérité et à instruire les ignorants.

Le Fidèle - Tout cela est vrai, et je me réjouis de vous entendre si bien parler de ces choses.

Le Chrétien de paroles - Hélas! Le mal est qu'il y en ait si peu qui comprennent la nécessité de la foi et de l'opération de la grâce dans l'âme pour obtenir la vie éternelle. La plupart vivent avec cette ignorance, dans les oeuvres de la loi par lesquelles néanmoins nul ne peut obtenir la vie.

Le Fidèle - Avec votre permission, la connaissance de ces choses est un don de Dieu, et nul ne peut les acquérir par aucun effort de l'esprit humain, ni même en parler pertinemment.

Le Chrétien de paroles - Je sais tout cela très bien. Nul ne peut avoir quoi que ce soit, s'il ne lui est donné d'en haut; tout est par grâce, et rien par oeuvres. Je pourrais bien vous citer cent passages de l'Ecriture pour prouver cette vérité.

Le Fidèle - Quel sera donc le sujet de notre entretien à cette heure?

Le Chrétien de paroles - Ce qu'il vous plaira. Je vous parlerai des choses terrestres ou des célestes; des choses qui appartiennent à la loi ou de celles qui concernent l'Evangile; des choses passées ou de celles qui sont à venir; des choses saintes ou des profanes; des choses qui sont essentielles ou de celles qui ne sont que secondaires; en un mot, de tout ce qui nous est utile ou nécessaire.

Ici le Fidèle s'arrêta comme ravi d'admiration, et, s'approchant du Chrétien qui, pendant tout ce temps-là avait marché seul sans rien dire et recueilli en lui même, il lui dit à l'oreille: - Quel excellent compagnon de voyage nous avons trouvé là! En vérité cet homme doit être un excellent pèlerin.

Le Chrétien répondit avec un sourire modeste: - Ah! Que cet homme en faveur de qui vous êtes si prévenu en trompera bien d'autres avec ses beaux discours! Il faut le connaître pour ne pas s'y méprendre.

Le Fidèle - Le connaissez-vous bien?

Le Chrétien - Si je le connais? Oui, vraiment, je le connais, et mieux qu'il ne se connaît lui-même.

Le Fidèle - Dites-moi donc, je vous prie, quel est cet homme?

Le Chrétien - Je m'étonne que vous ne le connaissiez pas; car il demeure dans notre ville, à la rue du Babil, et il est le fils du Beau parleur. Chacun le connaît par son nom de Chrétien de paroles. Il a un langage attrayant, mais c'est un méchant garnement.

Le Fidèle - Il paraît cependant un fort honnête homme?

Le Chrétien - Oui, à ceux qui ne le connaissent pas, ou qui ne l'examinent que superficiellement: semblable à ces tableaux qui paraissent assez beaux de loin, mais qui sont fort laids quand on les regarde de près.

Le Fidèle - Vous me feriez bientôt croire que vous raillez, et il me semble que je vous ai vu sourire.

Le Chrétien - Bien que j'aie souri, je suis cependant très éloigné de plaisanter d'une chose de cette nature, ou d'imputer faussement à cet homme la moindre chose. Mais pour vous le faire connaître plus à fond, je vous dirai que cet homme-là s'accommode de toutes les compagnies, et qu'il ira s'entretenir dans tous les cabarets de la même manière qu'il vient de le faire avec vous; et plus il a du vin dans la tête, plus il est éloquent sur ces matières. La crainte de Dieu n'a aucune place dans son coeur; on n'en voit aucune trace ni dans sa maison ni dans sa vie. Tout ce qu'il a, c'est une grande facilité à parler des choses divines. En un mot, toute sa religion se borne à du babil.

Le Fidèle - S'il en est ainsi, cet homme me trompe extrêmement.

Le Chrétien - Oui, sans doute, vous en êtes la dupe, soyez-en assuré. Souvenez-vous seulement de cette parole: "Ils disent et ne font pas".

Matthieu 23 : 3 - Faites donc et observez tout ce qu'ils vous disent; mais n'agissez pas selon leurs oeuvres. Car ils disent, et ne font pas.

Et cette autre:

1 Corinthiens 4 : 20 - Car le royaume de Dieu ne consiste pas en paroles, mais en puissance.

Il parle de la prière, de la foi, de la conversion, de la régénération, mais il ne sait qu'en parler. J'ai été chez lui. J'ai beaucoup observé sa conduite, tant dans sa maison que dehors, et je sais que ce que je dis de lui est la vérité: sa maison est sans dévotion, comme le blanc d'oeuf est sans goût; on n'y aperçoit ni exercices de piété, ni aucunes marques de repentance. Oui, une bête brute sert Dieu à sa manière mieux que lui. Certainement c'est une tache et un opprobre à la religion. A cause de lui la piété est décriée, car on juge de plusieurs autres par ce qu'on remarque dans sa conduite. Le commun peuple, qui le connaît, en fait un proverbe qui dit: "Un diable dans sa maison, un saint dehors". Sa pauvre famille l'éprouve bien aussi; c'est un homme si dur et si chagrin, ses paroles sont si aigres et si mordantes, et il est si déraisonnable envers toute sa maison, qu'on ne sait comment s'y prendre avec lui. Il ne cherche qu'à s'élever au-dessus des autres et à tromper tout le monde; et, qui pis est, il élève ses enfants sur ce pied et d'après ce modèle. Lorsqu'il remarque en eux quelque étincelle de bonne conscience et de sincérité en religion, il les traite de niais, de stupides et de fous; il se joue de la conscience. Je suis persuadé qu'il est une occasion de scandale et de chute à plusieurs par sa mauvaise vie, et je crains, si Dieu ne le détourne, qu'il n'en entraîne un grand nombre dans la perdition.

Le Fidèle - Eh bien! Mon frère, je suis obligé de vous croire, non seulement parce que vous dites que vous le connaissez, mais aussi parce que vous en parlez dans l'esprit du christianisme; car je m'assure que votre coeur est plein de charité pour lui, et ce n'est que la force de la vérité qui vous oblige d'en parler de cette manière.

Le Chrétien - Si je ne l'avais pas mieux connu que vous, j'en aurais peut-être parlé comme vous le faisiez d'abord. Si, d'un autre côté, je n'en avais de témoignage que de la part des ennemis de la piété, j'aurais regardé tout cela comme une de ces calomnies dont de pareilles gens ont coutume de noircir la réputation des gens de bien; mais je puis le convaincre de tout ce que j'en dis, et d'autres choses aussi condamnables. Avec cela les gens de bien ne s'accordent point avec lui, et ils en ont honte. Ils ne peuvent l'appeler ni frère ni ennemi. Lorsqu'ils l'entendent seulement nommer, ils rougissent de confusion.

Le Fidèle - Il est vrai que parler et faire sont des choses très différentes. Désormais, je me rappellerai mieux cette distinction.

Le Chrétien - Ce sont, en effet, des choses très différentes, et aussi distinctes entre elles que l'âme et le corps; car comme le corps sans âme est un tronc mort, les paroles aussi sont mortes. L'âme de la piété consiste dans la pratique. La religion pure et sans tache devant Dieu, notre Père, est de visiter les veuves et les orphelins dans leurs tribulations, et de se garder des souillures de ce monde. Ce n'est pas là la religion du Chrétien de paroles. Il s'abuse misérablement en croyant être chrétien par cette seule raison qu'il s'entretient et qu'il parle volontiers des choses spirituelles. Dieu veut des fruits réels. Or, l'ouïe n'est que la réception de la semence, et les paroles ne sont que des fleurs de belle apparence. Au dernier jour, le Juge du monde ne nous demandera pas seulement ce que nous avons cru, ou ce que nous aurons dit; mais ce sera essentiellement sur nos actions que nous serons jugés. La fin du monde est comparée à la moisson où l'on ne cherche que du fruit. Ce n'est pas qu'une oeuvre puisse être agréable à Dieu sans la foi, mais je veux simplement montrer combien la déclaration d'un Chrétien de paroles sera inutile dans ce jour-là.

Le Fidèle - Cela me fait souvenir de ce que j'ai lu dans les livres de Moïse, touchant les animaux souillés. Je cherche, à l'exemple de notre Sauveur, des apôtres et de tous les écrivains chrétiens, à démêler un sens spirituel sous le sens premier et littéral des événements ou des préceptes de l'ancienne alliance. Ainsi, par exemple, je trouverais à appliquer au cas présent ce que Moïse dit des animaux impurs, en qualifiant d'impurs ceux qui n'ont point le pied fourché et qui ne ruminent point.

Lévitique 11 : 3 - Vous mangerez de tout animal qui a la corne fendue, le pied fourchu, et qui rumine.

Moïse ne dit pas simplement qu'ils n'ont point le pied fourché, ou bien qu'ils ne ruminent point: le lièvre, par exemple, rumine bien, mais cela ne l'empêche pas d'être souillé parce qu'il n'a point le pied fourché. C'est là l'image du Chrétien de paroles. Il aspire après la connaissance, et il rumine la parole, mais il ne s'écarte point de la voie des pécheurs; il n'est pas séparé du monde et du péché.

Le Chrétien - Je pense que vous avez rencontré le vrai sens évangélique de ce passage. Ces grands parleurs sont des cymbales qui retentissent, un airain qui résonne, des objets qui rendent un son, mais qui sont sans âme, c'est-à-dire sans la vraie foi et sans la grâce évangélique. C'est pourquoi de telles gens ne seront jamais introduits dans le royaume des cieux avec les enfants de la vie, quand même leur langage ressemblerait à celui des anges.

Le Fidèle - Au commencement, je ne sentais aucune répugnance pour sa compagnie, mais je sens maintenant qu'elle me serait extrêmement à charge. Comment pourrions-nous nous en défaire?

Le Chrétien - Si vous voulez suivre mon conseil, je vous dirai ce que je pense.

Le Fidèle - Et quoi?

Le Chrétien - Rejoignez-le et entrez avec lui dans une sérieuse conversation sur la force de la piété. Après qu'il sera engagé dans cette matière (ce qu'il fera très volontiers), demandez-lui s'il en a le coeur rempli, s'il sent tout ce qu'il dit, et s'il le met en pratique.

18

SUITE, ENTRETIEN SUR L'OEUVRE DE LA GRÂCE DANS LE COEUR DE L'HOMME

Marques auxquelles on reconnaît l'oeuvre de la grâce divine dans une âme.

Là-dessus le Fidèle rejoignit le Chrétien de paroles et lui dit: - Comment allez-vous maintenant? Comment vous trouvez-vous?

Le Chrétien de paroles - Je ne vais pas mal, mais je croyais que nous allions avoir plusieurs entretiens ensemble?

Le Fidèle - Si vous l'agréez, je le veux bien. Et puisque vous m'avez laissé le choix du sujet de notre entretien, examinons, je vous prier, cette question: Comment l'oeuvre de la grâce se manifeste-t-elle dans le coeur de l'homme?

Le Chrétien de paroles - Je comprends que nos discours doivent rouler maintenant sur l'efficace de la grâce. C'est là un excellent sujet, et je consens volontiers à en faire la matière de notre conversation. Pour cet effet, je vais le traiter en peu de mots. Premièrement, lorsque la grâce de Dieu se déploie dans le coeur, elle fait que l'homme déclame vivement contre le péché. En second lieu ...

Le Fidèle - Arrêtez-vous un peu là, et examinons de plus près ce premier point. Il me semble que vous devriez dire que cette grâce se manifeste en ce qu'elle dispose l'âme à détester le péché.

Le Chrétien de paroles - Eh bien! Quelle si grande différence entre déclamer contre le péché et détester le péché?

Le Fidèle - Oh! Très grande! On peut se récrier beaucoup contre le péché par une certaine coutume, sans pourtant le détester encore réellement. Détester le péché c'est avoir contre lui une antipathie, une haine et une horreur extrêmes. J'ai vu plusieurs individus crier et déclamer contre le péché, tout comme s'ils avaient été en chaire, quoiqu'ils ne fissent aucune peine de le souffrir dans leur coeur et dans leur maison. La maîtresse de Joseph se récria hautement contre le péché de l'impureté, comme si elle eût été la femme la plus sainte du monde, et cependant elle ne cherchait qu'à satisfaire avec lui son amour impudique. Plus d'une mère crie contre son enfant que cependant elle allaite, et elle le nomme souvent un méchant enfant, un enfant pervers, pendant qu'elle le presse contre son sein et qu'elle le baise.

Le Chrétien de paroles - Je remarque que vous avez quelques desseins à m'embarrasser.

Le Fidèle - Nullement; je veux simplement expliquer la question et la mettre dans son véritable jour. Mais quel est votre second caractère qui démontre l'oeuvre de la grâce?

Le Chrétien de paroles - C'est une grande connaissance du mystère de l'Evangile.

Le Fidèle - Ce caractère me paraît devoir être le premier. Mais, soit qu'il précède ou qu'il suive, c'est là une marque fort équivoque, car une personne peut avoir une connaissance fort étendue de l'Evangile, et avec cela n'avoir point l'oeuvre de la grâce dans son coeur. Quand un homme aurait toute la science, il ne serait qu'un esclave du démon, sans l'amour. Lorsque Jésus Christ demanda à ses disciples s'ils savaient toutes ces choses, et qu'ils eurent répondu oui, il ajouta:

Jean 13 : 17 - Si vous savez ces choses, vous êtes heureux, pourvu que vous les pratiquiez.

Il n'attache point le salut à la connaissance ni au savoir, mais à l'oeuvre; car il existe une connaissance destituée de l'application; et il y en a qui savent la volonté du Maître, mais qui ne la font pas. C'est pourquoi cette marque n'est pas suffisante. Les hommes vains s'applaudissent présomptueusement dans leur connaissance, mais ce qui est agréable à Dieu c'est l'obéissance, non que le coeur puisse être bon sans la connaissance (car une âme sans connaissance n'est pas un bien:

Proverbes 19 : 2 - Le manque de science n'est bon pour personne, Et celui qui précipite ses pas tombe dans le péché.

Mais il y a une connaissance qui ne consiste que dans une simple spéculation, et une autre connaissance accompagnée de grâce, de foi, d'amour, et qui apprend à l'homme à faire la volonté de Dieu. Un véritable chrétien n'existe jamais sans celle-ci, et sa prière est: "Donne-moi de l'intelligence et je garderai ta loi, je l'observerai de tout mon coeur" (Psaume 119:34).

Le Chrétien de paroles - Je vois de plus en plus que vous cherchez à me surprendre. Cela n'est pas bien.

Le Fidèle - Proposez donc, s'il vous plaît, une autre marque de la manifestation de la grâce dans le coeur de l'homme.

Le Chrétien de paroles - Non, car je vois bien que nous ne serons pas mieux d'accord que ci-devant.

Le Fidèle - Si vous ne voulez pas le faire, voulez-vous permettre que je le fasse?

Le Chrétien de paroles - Cela dépend de vous.

Le Fidèle - L'oeuvre de la grâce se manifeste à celui qui l'a et aux autres qui le fréquentent. A celui qui l'a elle se manifeste de cette manière: elle le convainc de péché, en particulier de la corruption de sa nature.

Jean 16 : 8 - Et quand il sera venu, il convaincra le monde en ce qui concerne le péché, la justice, et le jugement :

Romains 7 : 24 - Misérable que je suis ! Qui me délivrera du corps de cette mort ?.

Et du péché de l'incrédulité, ce qui lui fait sentir, avec certitude, qu'il sera condamné s'il ne reçoit la grâce en Jésus Christ.

Marc 16 : 16 - Celui qui croira et qui sera baptisé sera sauvé, mais celui qui ne croira pas sera condamné.

Cette vue réveille en lui, à cause du péché, une tristesse et une honte salutaires. Il trouve ensuite le Sauveur du monde qui se manifeste à lui, et il voit la nécessité absolue d'être uni à ce Sauveur, et de recevoir de lui la vie. Enfin, la grâce produit un désir violent d'en être participant, et excite dans son âme cette faim et cette soif de la justice.

Matthieu 5 : 6 - Heureux ceux qui ont faim et soif de la justice, car ils seront rassasiés !

A laquelle sont attachés les promesses. Et, selon que cette foi est forte ou faible, le chrétien sent augmenter ou diminuer sa joie, sa paix, son amour pour la sainteté et son désir de croître dans la connaissance de Jésus Christ. Mais, quoique j'aie dit que c'est de cette manière que l'oeuvre de la grâce peut nous être manifestée à nous-mêmes, l'homme se trouve cependant rarement en état de conclure, lorsqu'il sent quelque chose de pareil dans son coeur. Que ce soit là encore la véritable oeuvre de la grâce, parce que sa corruption naturelles et les illusions de son esprit peuvent facilement le jeter dans l'erreur à cet égard. C'est pourquoi, il ne suffit pas d'avoir ces caractères en soi-même, il faut, de plus, avoir beaucoup de discernement pour en conclure que c'est l'oeuvre de la grâce, et pour s'affirmer dans cette assurance. J'ai dit aussi que l'existence de la grâce dans le coeur d'un homme se manifestait aux autres. Et cela, premièrement par une confession sincère de sa foi en Jésus Christ (Romains 10:40). Deuxièmement, par une vie sainte sur la terre, par la sainteté du coeur, par celle de notre conduite dans l'intérieur de nos maisons, et de notre conversation dans le monde. Un fidèle déteste généralement le péché au fond de son coeur, et même il se hait soi-même à cause du péché. Il travaille à former les siens à la sainteté et à avancer dans la piété parmi ce monde. C'est de cette manière qu'un enfant de Dieu fait connaître aux autres la grâce qu'il a reçue d'en haut, et non uniquement par un vain babil, comme le font les chrétiens de paroles et les hypocrites. Si vous avez quelque chose à objecter contre cela, dites-le; sinon, permettez que je passe à une seconde question.

Le Chrétien de paroles - Non, je ne veux rien dire présentement contre ce que vous venez d'avancer. Vous pouvez ainsi librement proposer votre question.

Le Fidèle - Ma question est celle-ci. Sentez-vous dans votre coeur cet amour ardent pour la sainteté qui caractérise tout converti? Votre piété paraît-elle dans toute votre conduite? La mettez-vous en pratique ou contentez-vous d'en parler? Si vous avez dessein de me répondre, je vous prie de mettre la main sur la conscience, et de juger de votre état, non seulement votre imagination trompeuse, ou sur les illusions de votre coeur, mais selon le jugement qu'en fera un jour le Dieu du ciel; car ce n'est pas celui qui se loue lui-même, dit un apôtre, mais celui que Dieu approuve, qui sera justifié. Et c'est une grande impiété que de dire: "Je suis ceci ou cela" lorsque nos actions ou ceux qui nous connaissent peuvent nous démentir.

Le Chrétien de paroles, entendant ce discours, en fut d'abord couvert de confusion; mais après s'être un peu rassuré, il répondit: - Vous en venez maintenant au sentiment, et vous en appelez à la conscience et à Dieu. Je ne m'attendais pas à cette espèce d'entretien, et je n'ai pas dessein de répondre à de pareilles questions, ne croyant pas d'y être obligé en aucune manière, à moins que vous ne vouliez vous ériger à mon égard en catéchiste; et même dans ce cas, je ne vous reconnais pas pour mon juge. Mais, je vous prie, pourquoi me faites-vous de pareilles questions?

Le Fidèle - Parce que j'ai cru remarquer et que j'ai ouï dire que votre piété ne consistait qu'en paroles, et que votre vie et vos actions ne répondaient pas à vos discours. On dit que vous êtes une tache parmi les chrétien et que la piété est décriée à cause de vous, que votre conduite en a déjà détourné plusieurs du bon chemin, et qu'un grand nombre sont encore exposés à périr par votre exemple. Vous alliez, dit-on, la piété avec l'avarice, l'impureté, les jurements, le mensonge, l'ivrognerie et la fréquentation des mauvaises compagnies.

Le Chrétien de paroles ne pouvant plus soutenir ces reproches: - Vous êtes, dit-il, bien crédule et bien prompt à juger d'autrui. En vérité, je ne puis porter sur vous d'autre jugement, sinon que vous êtes un esprit mélancolique et opiniâtre avec qui on ne saurait raisonner; C'est pourquoi portez-vous bien, adieu!

Alors le Chrétien, s'approchant de son compagnon, lui tint ce langage: - Je vous ai bien dit que cela arriverait. Vos discours n'étaient pas ce qu'il cherchait. Il a mieux aimé quitter votre compagnie que son mauvais train. Le voilà maintenant qui se retire; laissons-le courir. Il nous a épargné de nous séparer de lui, car s'il demeure tel qu'il est, c'est un de ces hommes dont les apôtres nous recommandent de nous séparer.

2 Corinthiens 6 : 17 - C'est pourquoi, Sortez du milieu d'eux, Et séparez-vous, dit le Seigneur;
Ne touchez pas à ce qui est impur, Et je vous accueillerai.

Il ne peut attribuer sa perte qu'à lui-même.
- Je suis ravi, dit **le Fidèle**, que nous ayons eu ce petit entretien avec lui. Peut-être y pensera-t-il encore une fois? Mais dans tous les cas, je lui ai parlé clairement, et s'il périt, je serai net de son sang.

Le Chrétien - Vous avez fort bien fait de lui parler ainsi. Il est rare aujourd'hui qu'on use de cette sincérité les uns envers les autres. Cela vient de ce que la piété est aujourd'hui si odieuse aux hommes. Ces chrétiens de paroles, dont la piété trompeuse ne consiste que dans les discours, sont si vicieux et si corrompus dans leurs actions qu'ils s'insinuent néanmoins souvent dans la compagnie de véritables gens de bien. Ils sont ceux qui causent le plus de troublent dans le monde. Ils souillent si fort le christianisme et affligent si sensiblement les vrais enfants de Dieu. Je souhaiterais que chacun usât, envers de telles gens, de la même fidélité dont vous avez usé envers celui-ci. Il arriverai, ou qu'il s'adonnerait plus sérieusement à la piété, ou que la compagnie des fidèles leur deviendrait tellement à charge qu'ils ne pourraient plus la supporter.

Sur cela, et pour terminer cette matière, ils se mirent à chanter ce qui suit.

Un faux chrétien, qui dans l'école
Du Saint Esprit ne fut jamais instruit,
Se vante et fait beaucoup de bruit;
De son savoir de lettre il se fait une idole.
Mais en vain à sa langue il donne un libre cours;
Il n'est qu'une peste publique
Qui détruit plus par sa pratique

Qu'il ne bâtit par ses discours.

En vain il couvre sa malice
De son savoir sans force et sans vertu:
Il s'enfuit honteux et battu
Dès qu'il voit un rayon du soleil de justice.
S'il est couvert de honte et de confusion
Devant un homme, poudre et cendre,
Quel désespoir doit-il attendre
Devant le juge de Sion!

19

NOUVELLE RENCONTRE AVEC L'EVANGÉLISTE, ENCOURAGEMENTS ET PRÉDICTIONS

L'âme qui doit bientôt soutenir de terribles combats contre le monde est fortifiée à l'avance par les leçons de l'Evangile.

Après avoir chanté leur cantique, nos pèlerins continuèrent leur voyage en s'entretenant toujours des choses qui leur étaient arrivées dans la route; ce qui leur était un grand soulagement à cette époque de leur voyage, qui aurait pu leur être fort ennuyeux sans cela, car ils avaient alors un désert à traverser.

Le Chrétien et le Fidèle avaient presque achevé de passer ce désert lorsqu'ils aperçurent derrière eux quelqu'un qui les suivait de fort près.

- Ah! dit le Chrétien, qui le reconnut d'abord, c'est l'Evangéliste, mon bon ami!

- Et le mien aussi, dit le Fidèle, car c'est lui qui m'a mis dans le chemin de la porte.

Cependant l'Evangéliste se trouva tout près d'eux et les salua en disant: - Paix vous soit, et à tous ceux qui sont avec vous!

Le Chrétien - bienvenu, bienvenu, mon cher Evangéliste! Votre présence réveille en moi le souvenir de notre ancienne amitié et des soins infatigables que vous avez pris pour mon salut éternel.

- Bienvenu mille et mille fois! dit le Fidèle, que votre compagnie est agréable à de pauvres pèlerins comme nous!

- Et comment vous êtes-vous portés, dit l'Evangéliste, depuis notre séparation? Quelles rencontres avez-vous eues? Et comment vous y êtes-vous conduits?

Le Chrétien et le Fidèle lui ayant raconté tout ce qui leur était arrivé, et avec combien de peines et d'incommodités ils étaient parvenus jusque là, l'Evangéliste leur dit: - J'ai bien de la joie, non de ce que vous ayez eu à essuyer tant de travaux, mais de ce que vous les avez surmontés, et que, malgré toutes vos faiblesses, vous avez persévéré constamment jusqu'à ce jour. Je vous assure que j'en ai une véritable joie, pour moi et pour vous. J'ai semé, vous avez moissonné, et le temps vient que l'un et l'autre, et celui qui sème et celui qui moissonne, auront ensemble de la joie; en sorte que si vous persévérez jusqu'à la fin, vous moissonnerez en son temps, si vous ne devenez point lâches.

Galates 6 : 9 - Ne nous lassons pas de faire le bien; car nous moissonnerons au temps convenable, si nous ne nous relâchons pas.

La couronne qui vous est proposée est une couronne incorruptible.

1 Corinthiens 9 : 24 - Ne savez-vous pas que ceux qui courent dans le stade courent tous, mais qu'un seul remporte le prix ? Courez de manière à le remporter.

C'est pourquoi courez de telle manière que vous remportiez le prix. Plusieurs font semblant de courir pour cette couronne, mais quand ils auront couru un peu de temps, un autre vient qui emporte le prix. Tenez donc ferme ce que vous avez, afin que nul ne vous ôte votre couronne.

Apocalypse 3 : 11 - Je viens bientôt. Retiens ce que tu as, afin que personne ne prenne ta couronne.

Vous n'êtes pas encore à couvert des flèches de Satan. Vous n'avez pas encore résisté jusqu'au sang, en combattant contre le péché.

Hébreux 12 : 4 - Vous n'avez pas encore résisté jusqu'au sang, en luttant contre le péché.

Que le royaume des cieux soit continuellement devant vos yeux, et croyez fermement les choses qui vous sont encore invisibles. Ne permettez qu'aucune des choses présentes occupe vos coeurs et vos esprits; sur toutes choses veillez exactement sur votre propre coeur, car il est trompeur par-dessus tout, et désespérément malin. Fortifiez-vous donc et vous affermissez afin que vous soyez inébranlables; toutes les forces du ciel et de la terre sont pour vous.

Le Chrétien le remercia de son exhortation. Puis il lui dit qu'il souhaiterait bien qu'il voulût continuer de s'entretenir avec eux, et les aider à passer le reste du chemin, d'autant plus qu'ils savaient qu'il pourrait leur prédire ce qui devait encore leur arriver, et leur apprendre en même temps de quelle manière ils auraient à se conduire pour pouvoir tout surmonter. Le Fidèle lui ayant témoigné le même empressement, l'Evangéliste continua à leur parler en ces termes.

- Mes enfants! Vous connaissez cette parole de l'Evangile, savoir, que c'est par plusieurs tribulations qu'il vous faut entrer au royaume des cieux, et que des liens et des tribulations vous attendent de ville en ville.

Actes 14 : 22 - fortifiant l'esprit des disciples, les exhortant à persévérer dans la foi, et disant que c'est par beaucoup de tribulations qu'il nous faut entrer dans le royaume de Dieu.

C'est pourquoi vous ne devez pas vous imaginer que vous puissiez guère passer plus avant dans votre pèlerinage sans éprouver ces choses d'une façon ou d'une autre. Vous en avez déjà fait quelque expérience, car vous arrivez maintenant, comme vous le voyez, au bout de cet affreux désert; après quoi vous viendrez dans une ville que vous pourrez bientôt découvrir devant vous. C'est là que vous serez assiégés par un grand nombre d'ennemis qui se déchaîneront contre vous avec fureur, et qui tâcheront même de vous faire mourir. Et soyez assurés que l'un de vous scellera de son sang le témoignage que vous portez. Mais soyez fidèles jusqu'à la mort, et le roi vous donnera la couronne de vie.

Apocalypse 2 : 10 - Ne crains pas ce que tu vas souffrir. Voici, le diable jettera quelques-uns de vous en prison, afin que vous soyez éprouvés, et vous aurez une tribulation de dix jours. Sois fidèle jusqu'à la mort, et je te donnerai la couronne de vie.

Celui qui mourra dans cette occasion, quoique d'une mort violente et cruelle, sera néanmoins plus heureux que son compagnon, non seulement parce qu'il arrivera le premier à la cité céleste, mais aussi parce qu'il sera exempt de plusieurs misères que l'autre aura encore à essuyer dans le reste de son voyage. Cependant dès que vous serez arrivé dans cette ville, et que vous éprouverez l'accomplissement de ce que je vous ai prédit, pensez à votre ami et soyez plein de courage, en recommandant vos âmes au fidèle Créateur et faisant ce qui est bon.

1 Pierre 4 : 9 - Exercez l'hospitalité les uns envers les autres, sans murmures.

20

LA FOIRE DE LA VANITÉ

L'enfant de Dieu au milieu du monde.

Alors je remarquai qu'en sortant du désert, ils découvrirent une ville nommée la Ville de la Vanité, où se tient une foire qui dure toute l'année, et qu'on nomme aussi la Foire de la Vanité, parce que la ville où on la tient est de moindre valeur que la vanité même, et que tout ce qu'on y apporte et qu'on y vend n'est que vanité, selon la parole du sage:

> Ecclésiaste 1 : 2 - *Vanité des vanités, dit l'Ecclésiaste, vanité des vanités, tout est vanité.*

Cette foire n'est pas établie depuis peu. Elle est fort ancienne, et il ne sera pas hors de propos d'en dire quelques particularités.

Il y a quelque mille ans que des pèlerins voyageaient vers la cité céleste comme ces deux dignes personnages, le Chrétien et le Fidèle. Mais Béelzébul, Apollyon et Légion s'étant mêlés dans leur compagnie, et ayant remarqué qu'ils devaient passé par la ville de la Vanité, ils trouvèrent bon d'y établir une foire où toutes sortes de vanités seraient exposées en vente. On y trouve des maisons, des jardins, des héritages, des charges, des dignités, des titres, des seigneuries, des royaumes, des voluptés et toutes sortes de divertissements; des impuretés, des malices, des hommes, des femmes, des enfants, des maîtres, des serviteurs, du sang, des âmes, de l'or, de l'argent, des pierreries, et je ne sais combien d'autres choses encore.

On peut encore voir, en tout temps, des tours de passe-passe, des tromperies, des spectacles, des danses, des réjouissances, des fous, des bouffons, des singes et autres choses de cette nature. On y trouve aussi des fripons, des voleurs, des meurtriers, des adultères, des parjures de toutes les couleurs, et tout cela sans qu'il en coûte rien.

Et comme dans les foires les moins renommées il y a divers quartiers qui portent chacun leur propre nom, et dans lesquels sont exposées certaines marchandises particulières, cela a aussi lieu dans cette foire. Ici c'est la cour d'Angleterre, ici la cour de France, ici celle d'Italie, et ailleurs celle de l'Espagne, d'Allemagne, etc. Dans chacune on peut trouver quelques vanités particulières.

Or, le chemin de la cité céleste passe, comme je l'ai dit, par la ville où se tient cette foire; celui qui entreprendrait de voyager vers la patrie céleste sans passer par cette ville serait obligé de sortir du monde.

1 Corinthiens 5 : 10 - non pas d'une manière absolue avec les impudiques de ce monde, ou avec les cupides et les ravisseurs, ou avec les idolâtres; autrement, il vous faudrait sortir du monde.

Le Roi des rois lui-même, lorsqu'il était sur la terre et qu'il voyageait pour retourner vers son propre pays, fut obligé de passer par cette ville et de voir toutes ces vanités.

Quelqu'un même, je pense que ce fut Béelzébul, le plus puissant marchand de la foire, le sollicita d'acheter de ces vanités, lui offrant de le rendre maître de toutes les foires s'il voulait lui rendre hommage; En considération de sa dignité, Béelzébul le mena de cour en cour, et lui montra, en un moment, tous les royaumes du monde, pour obliger, s'il eut été possible, ce Sauveur béni à acheter quelqu'une de ses vanités.

Luc 4 : 5 - Le diable, l'ayant élevé, lui montra en un instant tous les royaumes de la terre,

Mais ces marchandises n'excitèrent pas chez lui la moindre envie; c'est pourquoi il abandonna la ville et n'employa pas la valeur d'un denier à l'achat de quelque vanité que ce fût.

Vous voyez par tout ceci que cette foire est extrêmement ancienne et fort grande.

Il fallut donc nécessairement que nos pèlerins passassent à travers la foire; Mais à peine y eurent-ils mis le pied qu'il se fit un grand tumulte dans la foire, et que toute la ville, d'un bout à l'autre, fut dans le trouble. On peut attribuer ces changements à plusieurs causes.

Premièrement, ces pèlerins étaient vêtus d'habits fort différents de ceux des gens de la foire; C'est pourquoi ils attirèrent les regards de tout le monde: "Ce sont", disaient quelques-uns, "des fous, des gens hors de sens", tandis que d'autres disaient: "Ce sont des étrangers".

Deuxièmement, si l'on était étonné de la singularité de leurs habits, on n'était pas moins surpris de leur langage, car il y en avait très peu qui l'entendissent parce que le langage de ces voyageurs était celui de Canaan, tandis que les autres parlaient le langage du monde. Bref, ces pèlerins étaient considérés comme des barbares par toux ceux de la foire.

Troisièmement, ce qui contribua, toutefois, le plus à exciter le trouble parmi les gens de la foire, ce fut le peu de cas que ces pèlerins faisaient de toutes ces vanités, car ils ne les estimaient pas même dignes de leurs regards. Et comme on leur criait d'acheter quelque chose, ils se mirent les doigts dans les oreilles et s'écrièrent: "Détourne mes yeux qu'ils ne regardent à la vanité", et aussi:

Colossiens 3 : 1 - Si donc vous êtes ressuscités avec Christ, cherchez les choses d'en haut, où Christ est assis à la droite de Dieu.

En même temps ils levèrent les yeux en haut, par où ils faisaient connaître que leur conversation était celle des citoyens des cieux.

Il y eut un homme de la foire, entre autres, qui, les ayant observés, se tourna de leur côté et leur dit d'un ton moqueur: - Que voulez-vous acheter, vous autres!

Mais eux, le regardant d'un air fort sérieux et avec beaucoup d'assurance, lui répondirent: - Nous achetons la vérité.

Proverbes 23 : 23 - Acquiers la vérité, et ne la vends pas, La sagesse, l'instruction et l'intelligence.

Ce qui donna occasion de les mépriser de nouveau.

Quelques-uns se moquaient d'eux, d'autres les injuriaient, et d'autres n'en parlaient qu'avec beaucoup de dédain; Il y en eut qui en vinrent jusqu'à inciter les autres à les maltraiter. Enfin, il s'éleva un tel tumulte dans la foire que tout y était dans le désordre et dans la confusion. On le rapporta aussitôt au grand maître de la foire, qui se dépêcha d'envoyer quelques-uns de ses confidents, avec ordre d'examiner ces deux hommes et de trouver la source d'un si grand désordre.

Là-dessus, ils furent amenés par leurs examinateurs, qui leur demandèrent d'où ils venaient, où ils allaient, et ce qu'ils étaient venu faire là dans un accoutrement si extraordinaire. Ils répondirent qu'ils étaient des pèlerins étrangers, qu'ils allaient à leur patrie, la Jérusalem céleste, et qu'ils n'avaient donné aucune occasion ni aux bourgeois de la ville ni à aucun des marchands pour qu'ils agissent si mal à leur égard, en les arrêtant dans leur voyage, à moins qu'on ne voulût s'en prendre à eux à cause qu'ils avaient répondu: "Nous achetons la vérité", à quelqu'un qui leur avait demandé ce qu'ils voulaient acheter. Mais leurs examinateurs ne purent s'imaginer autre chose, sinon que c'étaient des fous, ou qu'ils étaient venus là exprès pour causer du désordre. C'est pourquoi on les fit enchaîner et mener en spectacle par toute la foire, où ils furent exposés pendant quelques temps, pour être livrés devant tout le monde à l'opprobre et à toutes sortes de malices et de violences. Enfin, ils furent couverts de boue; et le grand maître de la foire, qui était aussi présent, ne faisait qu'en rire. Quant à eux ils supportèrent tout avec patience, ne rendant point le mal pour la mal, ni outrages pour outrages, mais au contraire bénissant (1 Pierre 3:9). Ils rendaient de bonnes paroles pour des injures, et témoignaient de l'amitié à ceux qui leur faisaient tort.

Quelques-uns de ceux qui étaient à la foire, et qui étaient plus réfléchis que les autres, considérant la chose de plus près, commencèrent à s'opposer aux plus animés, et à les reprendre. Mais ceux-ci, ne pouvant supporter leurs remontrances, entrèrent aussi en fureur contre eux, et les saisirent en leur disant qu'ils étaient aussi méchants que les deux pèlerins qui étaient aux fers, qu'ils avaient bien la mine d'être leurs mais et de leurs partisans, et qu'ils auraient sans doute le même sort. Les autres répondirent que, quant à eux, ils ne pouvaient reconnaître ces deux hommes que pour des hommes vertueux, fort paisibles, qui n'avaient fait de mal à personne, et qu'il y en avait dans cette foire un grand nombre qui avaient mieux mérité d'être mis aux fers et même au carcan que ceux qu'on traitait si inhumainement.

Après beaucoup de paroles de part et d'autre, les deux voyageurs demeurant toujours dans la modération et dans la sagesse, on en vint finalement aux coups.

Alors les deux pauvres voyageurs furent ramenés devant leurs inquisiteurs et accusés d'avoir causé cette dernière émeute. Et après qu'ils eurent été battus impitoyablement et remis aux fers, on leur fit traîner leurs chaînes tout le long de la ville pour imprimer de la crainte à tous, et pour empêcher que personne n'eût la hardiesse d'intercéder pour eux ou de se ranger de leur parti. Cependant le Chrétien et le Fidèle se conduisirent avec tant de sagesse, et reçurent tous ces mauvais traitements avec tant de débonnaireté et de patience, que plusieurs, quoique en petit nombre en comparaison de la multitude des gens de la foire, en conçurent de l'estime pour eux et se joignirent à eux; ce qui augmenta la fureur de leurs ennemis, de sorte qu'ils résolurent de les faire mourir. C'est ce qui fut rapporté à nos deux voyageurs.

21

SUITE, PROCÈS ET HEUREUSE FIN DU FIDÈLE

Le monde condamne les disciples de Jésus.

Alors ils se souvinrent de ce qu'ils avaient ouï dire de leur fidèle ami l'Evangéliste, ce qui les affermit davantage dans leur voie, et dans les souffrances qui leur survenaient, parce qu'ils considéraient qu'elles leur avaient été prédites. Ils se consolaient mutuellement par l'assurance que celui sur qui tomberait le sort en serait d'autant plus heureux, et chacun en secret souhaitait ce bonheur. Toutefois, ils se remettaient à la sage disposition de Celui qui conduit toutes choses, toujours tranquilles et contents de demeurer dans l'état où ils étaient jusqu'à ce qu'il lui plût d'y apporter du changement. Peu de temps après, ils furent ramenés devant le tribunal pour y recevoir leur jugement. Leurs ennemis et leurs accusateurs comparurent avec eux en présence du juge qui se nommait l'Ennemi de la vertu. Les dépositions revenaient au fond à une même chose et ne différaient que dans quelques circonstances; les principaux chefs d'accusation étaient qu'ils étaient des ennemis de l'Etat, que par là ils avaient déjà causé des séditions et des émeutes dans la ville; qu'il s'y était même formé un parti, ayant séduit et entraîné quelques individus dans leurs dangereuses opinions.

Sur cela, le Fidèle répondit qu'ils ne s'étaient opposés à rien qu'à ce qui était contraire à la volonté du Roi des rois. - Quant à l'émeute dont vous nous accusez, ajouta-t-il, ce n'est point moi qui l'ai excitée, car je suis un homme de paix. Ceux qui ont parlé en notre faveur y ont été poussés par l'évidence de notre innocence; c'est par là qu'ils se sont détournés d'un mauvais chemin pour entrer dans celui qui conduit à la vie. Pour ce qui est du prince dont vous parlez, c'est Béelzébul, l'ennemi de notre Seigneur; c'est le prince de ce monde que je déteste avec tous ses anges.

Alors on publia que tous ceux qui auraient quelque chose à avancer contre les deux prévenus eussent à se présenter et à produire leurs preuves contre eux; sur quoi ils se présenta trois témoins, à savoir: l'Envie, la Superstition et le Flatteur. On leur demanda s'ils connaissaient les prisonniers qui étaient devant le siège de la justice et ce qu'ils avaient à dire contre eux et en faveur de leur propre maître.

L'Envie, qui eut ordre de parler avant les autres, fit ainsi sa déposition: - Monseigneur, il y a longtemps que je connais cet homme; ainsi, je puis rendre témoignage sur son compte. Et, afin que ce témoignage ne soit pas suspect, je parlerai volontiers en présence de cette honorable compagnie, me souvenant de mon serment.

Après avoir prêté serment, il continua de cette manière: - Cet homme, quoiqu'il porte un si beau nom, est l'un des plus méchants de notre pays. Il ne se soucie ni du prince, ni du peuple, ni de la loi, ni de la coutume; mais il fait ce qu'il peut pour imprimer dans l'esprit de chacun des opinions erronées, qu'il nomme les règles fondamentales de la foi et de la sainteté. En particulier, je l'ai ouï dire une fois que la sainteté et les coutumes de notre ville de la Vanité sont des choses diamétralement opposées qu'il est impossible de concilier. Ainsi, il condamne non seulement notre louable commerce, mais aussi nous tous qui l'exerçons.

Le juge lui demanda s'il avait encore quelque chose à dire. - Oui, monseigneur, répondit-il, j'aurais encore beaucoup d'autres choses à dire, mais je ne veux pas importuner la Cour. Toutefois, après que ces honnêtes gens auront déposés, je suis encore prêt à étendre davantage mes accusations contre ces malheureux, plutôt que de souffrir qu'il manque quelque chose à leur procès.

Ensuite on appela la Superstition, à qui le juge commanda de faire sa déposition, et qui, en conséquence de cet ordre, ayant prêté le serment selon les lois, commença ainsi: - Monseigneur, je ne connais guère cet homme et je n'ai jamais souhaité d'avoir commerce avec lui. Je sais cependant, par un entretien que j'ai eu récemment avec lui, que cet homme est une peste publique, car il m'a soutenu que ce n'était point notre culte qui pouvait nous rendre Dieu propice, ni en général aucune de nos pratiques extérieures. Or, si cela est ainsi, nous sommes encore dans nos péchés; c'est en vain que nous servons Dieu! Tout cela ne nous empêchera pas de périr: ce qui renverse notre religion de fond en comble. Voilà ce que j'ai à dire contre lui.

Alors on appela le Flatteur, et, après, qu'il eut prêté serment, il eut ordre de dire ce qu'il savait en faveur de son seigneur et contre les accusés.

- Monseigneur, dit-il, et vous tous, nobles assistants, il y a longtemps que je connais ce malheureux et que je l'ai ouï proférer beaucoup de discours indignes et malséants, car il a méprisé notre grand prince Béelzébul, et il a parlé en des termes fort offensants de ses meilleurs amis: le Vieil Homme, le Divertissement charnel, l'Impudicité et l'Avarice, en un mot de ceux que nous respections le plus. Qui plus est, il a dit que si on voulait l'en croire et si tous nos habitants étaient de son sentiment, aucun de ces personnages ne ferait un long séjour dans la ville. Il ne vous a même pas épargné, vous, monseigneur, qui êtes maintenant son juge, et il a porté le mépris et l'insolence jusqu'au dernier degré, vous nommant un scélérat et un impie et vous chargeant d'autres noms exécrables. En un mot, il a fait tout ce qu'il a pu pour rendre odieuse la plus grande partie de notre noblesse.

Le Flatteur n'eut pas plus tôt fini son discours que le juge s'adressa aux prisonniers et leur dit: - Vagabonds, traites, hérétiques, avez-vous bien ouï ce que ces personnes respectables viennent de déposer contre vous? Et pouvez-vous alléguer quelque chose pour votre défense?

- S'il m'est permis, dit le Fidèle, de me défendre, en peu de mots ...

- A bas! à bas! s'écria le juge, vous n'êtes pas digne de vivre plus longtemps ...

Cependant, ajouta-t-il, afin que chacun voie la bonté et la droiture avec lesquelles nous voulons agir envers vous, écoutons ce que ce misérable scélérat aura encore à dire.

- Voici, dit le Fidèle, ce que j'ai à avancer pour ma défense. Premièrement, pour ce qui concerne la déposition de l'Envie, je n'ai jamais dit autre chose sinon que toutes les coutumes, les lois, les ordonnances et tous les peuples qui s'opposent à la loi de Dieu sont directement contraires au vrai christianisme. Si en cela j'ai mal parlé qu'on me montre mon erreur et je suis prêt à me rétracter. Quant au témoignage de la Superstition, je n'ai autre chose à dire sinon que le vrai service divin exige nécessairement une foi divine qui ne peut exister chez un homme sans une révélation expresse de la volonté de Dieu. C'est pourquoi tout ce qui se pratique dans le culte qui ne s'accorde pas avec cette révélation ne peut, en aucune manière, être fondé sur une foi divine, mais simplement sur une foi vaine qui ne peut servir pour la vie éternelle. A la déposition de Flatteur, je réponds simplement (sans m'arrêter aux dures expressions par lesquelles il m'accuse d'user de mépris et de blasphèmes) que le chef de cette ville, avec tous ses sujets et tous ses adhérents, sont plus dignes du séjour de l'enfer que celui de cette ville ou de ce pays. Et sur cela, j'implore la grâce de mon Dieu!

A ces mots, le juge prit la parole et dit aux jurés qui avaient assisté à toute cette procédure: - Nobles assesseurs de la justice, vous voyez devant vous cet homme qui a causé un si grand tumulte dans la ville. Vous avez aussi entendu ce que des personnes respectables ont déposé contre lui et ce que lui-même a répondu. Il dépend maintenant de vous, où de le condamner à mort, ou de lui conserver la vie. Cependant, pour éviter toute précipitation dans ce jugement, il me semble qu'il est à propos de vous remettre nos lois devant les yeux.

Au temps de Pharaon, ce grand serviteur de notre prince, on publia un édit au sujet du trop grand accroissement de ceux qui pratiquaient un autre culte que celui du pays, pour empêcher qu'ils ne devinssent trop puissants. Il portait qu'on devait noyer tous leurs enfants mâles.

Du temps du grand Nébucadnetzar, autre serviteur célèbre de notre prince, il fut arrêté que tous ceux qui ne se prosterneraient pas devant le statue d'or devaient être jetés dans une fournaise ardente.

De même aussi, du temps de Darius, on publia un édit qui portait que si, pendant un certain temps, quelqu'un invoquait un autre Dieu que le roi, il serait jeté dans la fosse aux lions.

Or, ce rebelle a violé l'essentiel du contenu de nos lois, non seulement par ses pensées, ce qu'il ne faudrait pas même souffrir, mais aussi par ces paroles et ses actions qui sont absolument insoutenables. Le Fidèle mérite donc infiniment plus l'application de la loi que ne le mériteraient ceux dont il s'agit dans les décrets précédents. En conséquence, je conclus pour la peine de mort.

Alors les jurés se levèrent. Leurs noms étaient l'Aveugle, le Perfide, le Voluptueux, le Méchant, le Mort-vivant, l'Homme de cou raide, l'Orgueilleux, le Haineux, le Menteur, le Cruel, l'Ennemi de la lumière et l'Irréconciliable. Et après avoir prononcé leur jugement, chacun à part, contre le Fidèle, ils conclurent unanimement de le déclarer coupable en la présence du juge.

L'Aveugle, en qualité de président, parla ainsi: - Je vois clairement que cet homme est un hérétique.

Le Perfide dit: - Qu'on ôte cet homme de dessus la terre!

- Oui, s'écria le Méchant, car je ne puis plus le voir.

Le Voluptueux s'écria qu'il n'avait jamais pu le souffrir.

- Ni moi, répondit le Mort-vivant, car il a toujours condamné toutes mes actions.
- Qu'on le pende! s'écria l'Homme de cou raide.
- C'est un homme plein d'orgueil, ajouta l'Orgueilleux.
- Mon coeur s'aigrit quand je le vois, dit le Haineux.

Le Menteur se mit à crier: - Qu'on se défasse de ce fripon!

Le Cruel dit: - Le gibet est un supplice trop doux pour lui.

- Qu'on l'ôte d'ici! Ajouta l'Ennemi de la lumière, c'est trop différer.

Et l'Irréconciliable dit: - Quand on me donnerait le monde entier, je ne pourrais jamais me réconcilier avec lui.

Ainsi, ils le déclarèrent unanimement digne de mort et le condamnèrent sur-le-champ à être traîné jusqu'au lieu de supplice. Là on lui fit souffrir la mort la plus cruelle qu'on puisse imaginer; car, après l'avoir battu et fouetté, les bourreaux déchirèrent sa chair avec des couteaux, l'accablèrent de pierres, et enfin l'attachèrent à un pilier et le réduisirent en cendres. Telle fut la fin du Fidèle.

Mais j'observai qu'il y avait derrière la foule du peuple un char attelé de chevaux qui l'attendait; ce char l'enleva aussitôt et l'emporta au ciel à travers les nues et au bruit des trompettes qui retentissaient de tous côtés.

On ramena cependant le Chrétien en prison, où il demeura quelques temps. Mais Celui qui est le gouverneur de l'univers et qui tient en ses mains les clés de la vie et de la mort disposa les choses de telle manière qu'il échappa, et qu'ainsi il continua son voyage en chantant ce couplet en chemin.

> *Un chrétien doit être fidèle,*
> *Dans les tourments jusqu'à la mort,*
> *A notre roi qui nous appelle*
> *Par l'orage à chercher le port.*
> *Souffre sans murmure*
> *La croix la plus dure:*
> *C'est le seul chemin*
> *Qu'il fraye lui-même*
> *Au bonheur suprême,*
> *Au bonheur sans fin.*

22

L'ESPÉRANT, INTÉRÊT PERSONNEL

Hideuse peinture des hommes qui cherchent à allier le monde avec Dieu.

Cependant le Chrétien trouva bientôt un compagnon nommé l'Espérant, qui s'était joint à lui après avoir entendu les discours des deux amis, et avoir été le témoin de leurs souffrances. Aussi se lia-t-il d'une étroite amitié avec le Chrétien, et lui témoigna-t-il qu'il voulait désormais l'accompagner dans son voyage. Ainsi, des cendres de celui qui était mort pour le témoignage de la vérité il sortit un pèlerin qui accompagna le Chrétien jusqu'à la fin de son voyage. L'Espérant l'assura de plus qu'il y avait plusieurs autres personnes dans la foire qui n'attendaient qu'une occasion favorable pour les suivre.

A peine étaient-ils sortis de la foire qu'ils rencontrèrent un homme nommé Intérêt personnel, auquel ils demandèrent d'où il venait et jusqu'où il prétendait aller par ce chemin.

- Je viens, répondit-il, sans dire son nom, de la ville de l'Eloquence, et je m'en vais à la cité céleste.

- Eh! dit le Chrétien, êtes-vous de la ville de l'Eloquence? Y a-t-il aussi là quelques gens de bien?

Intérêt personnel - Oui, je crois qu'il y en a quelques-uns.

Le Chrétien - Mon ami, quel est votre nom, s'il vous plaît?

Intérêt personnel - Vous ne me connaissez pas, et je ne vous connais pas non plus; si vous agréez que nous fassions chemin ensemble, j'en serai très content; sinon j'en prendrai mon parti.

Le Chrétien - J'ai souvent ouï parler de la ville de l'Eloquence; et, si je ne me trompe, j'ai ouï dire que c'était un lieu où l'on jouit de beaucoup de prospérité.

Intérêt personnel - Oui, je vous l'assure; j'y ai plusieurs riches amis.

Le Chrétien - Dites-moi, je vous prie, quels sont les amis que vous y avez, si je ne suis pas trop hardi de vous le demander.

Intérêt personnel - Presque toute la ville; particulièrement Tourne autour, l'Esclave des circonstances, le Beau parleur (dont les ancêtres ont donné le nom à la ville), le Légaliste, Celui qui va par deux chemins, l'Ami de chacun, et le docteur de notre quartier, Monsieur Langue double, qui est mon proche parent. Et, à vrai dire, quoique je sois un homme qualifié, mon père était cependant un batelier qui regardait toujours d'un autre côté que son but lorsqu'il était à la rame, et j'ai gagné la plus grande partie de ce que je possède à ce métier.

Le Chrétien - Etes-vous marié?

Intérêt personnel - Oui, vraiment, j'ai une femme très vertueuse qui est fille de Madame Dissimulation, femme d'un très grand mérite et d'une haute naissance. Elle sait s'entretenir avec toute sorte de personnes, avec les grands et les gens du peuple, avec les hommes pieux et les impies. Il est vrai qu'à l'égard de la religion il y a une différence entre nous et ceux qui vont par le chemin le plus court; mais ce n'est qu'en deux points de peu d'importance. Le premier est que nous ne voulons jamais aller contre le vent ni contre le courant de l'eau. Le second, que nous sommes toujours les plus zélés lorsque la religion est en estime et que la piété est applaudie.

Ici le Chrétien se tira un peu à l'écart avec son compagnon l'Espérant, et lui dit: - Il me vient maintenant dans la pensée que cet homme pourrait bien être Intérêt personnel, de la ville de l'Eloquence. Si cela est, nous avons en notre compagnie l'un des plus grands coquins qu'il y ait dans ces contrées.

L'Espérant lui dit: - Demandez-lui encore une fois son nom. Peut-être n'en aura-t-il pas honte?

Là-dessus le Chrétien se rapprocha d'Intérêt personnel et lui dit: - Vous parlez comme si vous étiez l'homme le plus sage du monde; et, si je ne me trompe, il me semble que je vous connais. Ne vous appelez-vous pas Intérêt personnel de la ville de l'Eloquence?

Intérêt personnel - Nullement; ce n'est point là mon nom, mais c'est un sobriquet que m'ont donné certaines gens qui ne peuvent me souffrir; Il faut cependant que je m'en console en le souffrant comme un opprobre, à l'exemple de plusieurs gens de bien qui ont vécu avant moi.

Le Chrétien - Mais n'avez-vous jamais donné à ces personnes l'occasion de vous imposer ce sobriquet?

Intérêt personnel - Jamais de ma vie. Le plus grand mal que j'aie jamais fait, et d'où l'on pourrait avoir pris occasion de me donner ce nom, c'est que j'ai toujours eu le bonheur de régler mes sentiments et ma conduite selon le cours de ce monde, de quelque manière que les choses allassent. Et par le moyen de cette souplesse, j'ai bien avancé mes affaires, et je me suis tiré des plus fâcheuses rencontres. Mais, pour cela, ces malheureux n'ont aucune raison de me mépriser.

Le Chrétien - J'ai tout de suite pensé que vous étiez celui-là même de qui j'ai beaucoup entendu parler. Et s'il m'est permis de dire ce que je pense, je trouve que votre nom vous convient mieux que vous ne voulez l'avouer.

Intérêt personnel - Si vous êtes dans cette imagination, je ne saurais vous en empêcher. Mais vous trouverez que je suis un camarade agréable si vous voulez me recevoir en votre compagnie.

Le Chrétien - Si vous voulez venir avec nous, il faut que vous marchiez contre vent et marée. Et, si je ne me trompe, ce n'est pas là votre inclination. Cependant nous devons nous tenir attachés à la religion, aussi bien lorsqu'elle marche avec des habits déchirés que lorsqu'elle est dans de riches vêtements, lorsqu'elle est dans les fers comme lorsqu'elle est élevée sur le trône.

Intérêt personnel - Vous ne devez pas opprimer ma conscience. Laissez-moi la liberté et permettez que je marche avec vous à ma manière.

Le Chrétien - Pas même un pas de plus, à moins que vous ne vouliez faire ce que je viens de vous proposer.

- Je ne quitte pas mes principes, répliqua Intérêt personnel, puisqu'elles sont commodes et avantageuses. Si je ne puis avoir votre compagnie, je ferai ce que j'ai fait jusqu'ici: je marcherai doucement tout seul jusqu'à ce que je trouve quelque autre compagnie qui s'accommode de moi.

23

L'AMI DU MONDE, L'AMI DE L'ARGENT ET LE RAPACE

Faux raisonnements du monde au sujet des concessions qu'on peut faire aux hommes; abominations de ces calculs.

Ici je vis que le Chrétien et l'Espérant le laissèrent et commencèrent à aller de l'avant, assez loin de lui. Toutefois, comme l'un d'eux se retourna, il aperçut trois hommes qui suivaient Intérêt personnel. Lorsqu'ils furent assez près de lui, il se baissa avec beaucoup de respect pour les saluer, et eux aussi le complimentèrent à leur tour. Les noms de ces personnes étaient l'Ami du monde, l'Ami de l'argent et le Rapace, tous trois fort connus d'Intérêt personnel, parce qu'ils avaient été camarades d'école dès leur jeunesse, sous un maître nommé l'Avide, au pays de l'Avarice. Ce maître d'école leur avait enseigné l'art de s'approprier une infinité de choses, ou par force, ou par flatterie, ou par ruse, ou par mensonge, ou même enfin sous l'apparence de la piété. Et ces quatre camarades d'école avaient si bien profité dans cet art par les soins de leur maître, que chacun d'eux était capable de l'enseigner aussi bien que lui.

Après donc qu'ils se furent salués réciproquement, l'Ami de l'argent dit aux autres: - Qui sont ces hommes là devant nous? (Car le Chrétien et l'Espérant n'étaient pas encore si loin qu'on ne pût les voir).

Intérêt personnel - Ce sont deux hommes d'un même pays qui marchent à leur manière.

L'Ami de l'argent - Ah! Pourquoi ne nous attendent-ils pas, afin que nous puissions aussi jouir de leur bonne compagnie? Car je pense qu'eux et nous, et vous aussi, Monsieur, nous avons le même but.

Intérêt personnel - Il est vrai, mais ces hommes qui marchent devant nous sont si rigides, si attachés à leurs sentiments, et ils ont tant de mépris pour ceux des autres, que, quelque piété qu'ait un homme, s'il ne se conforme pas en tout à leurs principes, ils rompent d'abord toute communication avec lui.

Le Rapace - Cela ne vaut rien. Ce sont ces sortes de gens qui veulent être trop justes. Leur humeur sévère fait qu'ils jugent et qu'ils condamnent tout ce qu'ils ne font pas eux-mêmes. Mais, je vous prie, en quoi et en combien de points différiez-vous?

Intérêt personnel - Ils veulent, selon leur opiniâtreté, qu'il soit notre devoir de poursuivre notre voyage en toute saison et quelque temps qu'il fasse; et moi j'attends toujours le temps propre et le vent favorable. Ils risquent pour Dieu tout ce qu'ils ont à la fois; moi j'use de circonspection et je mets tant que je puis mes biens et ma vie en sûreté. Ils sont inébranlables dans leurs sentiments, lors même que tout le monde serait contre eux; quant à moi, je me ménage dans les affaires de religion, selon que le temps et mon avantage le requièrent. Ils s'appliquent à la piété, lors même qu'elle est exposée à l'opprobre et au mépris; moi, je ne m'y attache que lorsqu'elle est en honneur.

L'Ami du monde - Tenez-vous ferme à ces principes, mon cher ami Intérêt personnel; car, pour moi, je tiens ceux-là pour des fous qui, ayant la liberté de conserver leurs biens et leur commodité, sont assez dépourvus de sens pour vouloir tout perdre. Soyons prudents comme des serpents: le meilleur est d'amasser pendant l'été, comme les abeilles qui demeurent tranquilles tout l'été et ne sont occupées que lorsqu'elles peuvent commodément ses procurer des avantages. S'ils veulent être assez fous pour voyager sous la pluie, laissons-les faire. Pour nous, attendons le beau temps. Lorsque l'on peut accorder la religion avec la conservation des biens que Dieu nous donne dans sa bonté, c'est alors qu'elle m'accommode le mieux, et c'est ainsi qu'il faut prendre la chose; car lorsque Dieu nous a départi des biens de cette vie, il veut aussi que nous les conservions pour l'amour de lui. Job dit que les gens de bien donnent l'or pour de la terre (ou qu'ils amassent l'or comme la poussière). Il ne faut donc pas être comme ces gens qui sont là devant nous, s'ils sont tels que vous les dépeignez.

Le Rapace - Je pense que nous sommes tous du même sentiment à ce sujet, et il est inutile d'en parler davantage.

L'Ami de l'argent - Vous avez raison; car celui qui ne veut suivre à cet égard ni l'Ecriture ni la droite raison (qui, comme vous voyez, sont pour nous), ne mérite pas seulement d'être écouté.

Intérêt personnel - Mes frères, nous voici tous réunis. Permettez-moi, pour notre édification mutuelle, de proposer cette question. Lorsqu'un homme, soit pasteur ou autre, trouve quelque occasion de faire un profit quelconque, en sorte cependant qu'il ne peut l'obtenir que par une belle apparence de piété, ou en faisant paraître plus de zèle qu'à son ordinaire pour quelque partie du service divin, je demande si un tel homme ne peut pas employer ces moyens pour parvenir à son but, et être avec cela un homme de bien?

L'Ami de l'argent - Je comprends cette question à fond, et je veux, avec votre permission, tâcher d'y répondre exactement. Premièrement, je la considérerai par rapport à un pasteur. Supposez qu'un pasteur vénérable qui a peu de revenu, à qui il se présente une place ou un bénéfice plus avantageux, et qu'il ait moyen de l'obtenir, mais à condition d'étudier davantage, de prêcher plus fréquemment et peut-être même de renoncer à quelqu'un des principes de la foi, parce que l'état de son troupeau l'exige ainsi. Je ne vois aucune raison qui puisse l'empêcher d'accepter la place qui se présente à lui. Et je ne crois pas qu'en cela il fasse la moindre brèche à sa conscience; car

- **premièrement,** s'il est naturel d'améliorer sa position (comme il l'est sans contredit), dès lors, la chose est permise et le docteur peut accepter le nouvel emploi sans consulter sa conscience;

- **deuxièmement**, le désir qu'il a d'arriver à une meilleure position l'oblige à prêcher, à étudier davantage et avec plus d'ardeur, et ainsi le rend plus homme de bien; par là-même, il développe mieux ses talents, ce qui est agréable à Dieu;

- **troisièmement**, en changeant quelque chose à ses principes pour s'accommoder à son peuple, il fait voir trois choses; qu'il sait renoncer à lui-même et à sa propre volonté, qu'il sait exercer son habilité pour en gagner quelques-uns et se faire à tous, selon le précepte même d'un apôtre, enfin qu'il est par conséquent des plus propres à exercer son emploi.

D'où je conclus qu'on en doit point condamner un pasteur qui change un bénéfice plus chétif pour un plus avantageux, ni conclure de là qu'il soit avare ou autre chose semblable. Mais plutôt, en tant qu'il a par là occasion d'exercer ses dons et sa science, on doit le regarder comme un homme qui suit sa vocation, et qui se prévaut sagement de l'occasion que Dieu lui met en main.

Pour ce qui concerne un artisan, supposer que ce soit un homme qui a peu de bien dans ce monde, mais qui peut, en faisant paraître de la piété, rendre son état plus heureux: épouser, par exemple, une femme riche, ou attirer plus de clients à sa boutique. Je ne vois aucune raison pour laquelle cela ne puisse se pratiquer légitimement; car

- **premièrement**, c'est une vertu d'être pieux, quel que soit le moyen qui y conduit un homme;

- **deuxièmement**, il n'est pas non plus défendu de s'enrichir, d'épouser par exemple une femme riche, ou d'attirer à soi beaucoup de clients;

- **troisièmement**, l'homme qui obtient ces choses par sa piété obtient un bien par un autre; ainsi, il y aura dans le cas supposé, des richesses, des bons clients, une femme riche, toutes choses excellentes par elles-mêmes, et acquise par la piété, qui est aussi excellente.

Par conséquent, il est permis d'embrasser la piété en vue d'obtenir ces avantages.

Cette décision de l'Ami de l'argent, sur la question proposée par Intérêt personnel, fut fort applaudie de tous. C'est pourquoi ils conclurent qu'il fallait y adhérer. Et comme ils s'imaginaient que personne ne pourrait la réfuter, et qu'ils remarquèrent que le Chrétien et l'Espérant n'étaient pas si loin qu'on ne pût les atteindre, ils résolurent unanimement de les attaquer avec cette question, d'autant plus que ces deux voyageurs avaient repoussé rudement Intérêt personnel. Pour cet effet, ils les rappelèrent, et eux, les ayant ouïs, s'arrêtèrent un moment pour les attendre.

Cependant il fut résolu que ce ne serait pas Intérêt personnel, mais l'Ami du monde, qui leur poserait la question, se flattant que la réponse ne serait pas si dure que celle qui avait été faite à Intérêt personnel.

S'étant donc approchés, après les civilités d'usage, l'Ami du monde posa la question au Chrétien et à son compagnon, les priant d'y répondre s'ils le pouvaient.

- Certainement, dit le Chrétien. Le moindre enfant, en matière de religion, pourrait sans peine répondre à cette question et dis mille pareilles; car

- premièrement, on ne doit pas suivre Christ pour avoir du pain, comme il est dit dans Jean 6 verset 26; combien plus donc est-ce une chose abominable de le suivre pour s'avancer par là dans le monde?

- deuxièmement, nous ne trouvons dans l'Ecriture personne qui ait suivi vos principes, si ce n'est des païens, des hypocrites, un magicien et un diable.

Des païens, car c'est ainsi que Hémor et Sichem, ayant formé des desseins sur la fille de Jacob et sur son bétail, et voyant qu'il n'y avait pas d'autre moyen d'y réussir que d'embrasser, du moins à l'extérieur, la religion des Hébreux, dirent à leurs concitoyens: "Si vous recevez la circoncision, leurs biens, leur bétail et tout ce qu'ils possèdent nous appartiendra". Ainsi la fille et les richesses de Jacob étaient ce qu'ils avaient en vue, et la religion n'était qu'un prétexte pour les obtenir. Lisez cette histoire dans le chapitre 34 du livre de la Genèse.

Des hypocrites, car voyez les pharisiens. Ils dévoraient les maisons des veuves sous le prétexte de faire de longues prières; et c'est ce qui aggravait leur condamnation devant Dieu.

Luc 20 : 46 - Gardez-vous des scribes, qui aiment à se promener en robes longues, et à être salués dans les places publiques; qui recherchent les premiers sièges dans les synagogues, et les premières places dans les festins; 47 qui dévorent les maisons des veuves, et qui font pour l'apparence de longues prières. Ils seront jugés plus sévèrement.

Simon le magicien était aussi de ce caractère, car il désirait avoir le Saint Esprit pour gagner de l'argent; Mais le jugement qu'il entendit de la bouche de Pierre fut:

Actes 8 : 19 - en disant : Accordez-moi aussi ce pouvoir, afin que celui à qui j'imposerai les mains reçoive le Saint-Esprit.

Actes 8 : 22 - Repens-toi donc de ta méchanceté, et prie le Seigneur pour que la pensée de ton coeur te soit pardonnée, s'il est possible;

J'ai dit en quatrième lieu, un diable, car Judas, qui en était un, suivait les mêmes principes. Il avait l'apparence de la piété, il suivait Jésus Christ et témoignait de la charité pour les pauvres. Mais c'était à cause de la bourse et pour avoir ce qui était dedans, car, au fond, c'était un réprouvé, un fils de perdition.

Il est facile de voir que ceux qui deviennent pieux par amour pour le monde seront toujours disposés à renoncer à la piété, pour le même motif; car il est aussi certain que Judas regardait au monde dans ses pratiques de piété, qu'il est certain que ce fut pour le monde qu'il vendit sa piété et son Seigneur lui-même. C'est donc un sentiment païen, pharisaïque et diabolique, que l'affirmative de votre question, laquelle néanmoins je constate que vous avez embrassée. Mais votre salaire sera selon vos oeuvres.

A ces mots, ces hommes se mirent à se regarder fixement les uns les autres, sans qu'ils n'eurent pas un seul mot à répliquer, parce qu'ils étaient convaincus de la vérité des choses que le Chrétien venait d'avancer. Il se fit donc un grand silence. Intérêt personnel et ses compagnons s'arrêtèrent tout court et restèrent en arrière, tandis que le Chrétien et l'Espérant continuèrent leur chemin et les devancèrent d'assez loin, ce qui donna lieu au Chrétien de dire à son ami: - Si ces gens ne peuvent pas supporter le jugement d'un homme; comment pourront-ils subsister devant le jugement de Dieu? S'ils demeurent ainsi muets lorsqu'ils n'ont affaire qu'à des vases de terre, quelle sera leur confusion lorsqu'ils se verront exposés aux reproches leur fera le Dieu des vengeances devant les saints et tous les anges!

24

LE CÔTEAU DU GAIN, DÉMAS, BEAU PAYSAGE

L'amour du monde et des richesses est la mort de l'âme. Jouissances spirituelles d'un enfant de Dieu.

Le Chrétien et l'Espérant furent bientôt hors de leur vue et arrivèrent dans un endroit très heureux nommé le Lieu agréable, où ils marchaient avec une grande satisfaction. Mais ce lieu était de petite étendue, et ils l'eurent bientôt passé. De l'autre côté de cette plaine était situé un coteau qu'on nomme le Gain, où il y a des mines d'argent qui, par leur attrait, avaient autrefois détourné plusieurs voyageurs du droit chemin; et comme ils s'étaient trop approchés, le terrain s'était éboulé sous leurs pieds (car il est fort trompeur), et il y avaient péri misérablement. Cet incident se renouvelle encore tous les jours. D'autres y sont devenus tout perclus sans pouvoir se remuer pour le reste de leur vie.

Alors je vis aussi, du côté droit, un peu au-dessus de la mine, un nomme nommé Démas, homme de distinction, qui criait aux passants de monter par là, et d'examiner un peu l'endroit.

2 Timothée 4 : 10 - car Démas m'a abandonné, par amour pour le siècle présent, et il est parti pour Thessalonique; Crescens est allé en Galatie, Tite en Dalmatie.

- Holà! holà! Cria-t-il au Chrétien et à l'Espérant, venez ici, je vous montrerai des choses qui vous feront plaisir.

Le Chrétien - Quelles sont ces choses, pour mériter que nous nous détournions de notre route?

Démas - C'est une mine d'or et d'argent. Si vous voulez passer ici, vous pourrez vous enrichir sans beaucoup de peine.

L'Espérant - Hé! Mon ami Chrétien, allons-y un peu.

Le Chrétien - Je n'en ferai rien. J'ai entendu dire beaucoup de choses sur ce lieu-là. On dit qu'un grand nombre de gens y ont péri. Les richesses sont des pièges pour ceux qui les recherchent. Elles sont un obstacle dans le voyage.

Alors le Chrétien cria à Démas: - Ce lieu n'est-il pas dangereux, et n'a-t-il pas détourné plusieurs pèlerins de leur voyage?

Démas - Point du tout, sinon quelques étourdis (et en disant cela, il rougissait de honte).

Le Chrétien - Frère Espérant! Croyez-moi, ne nous détournons pas d'un pas, mais suivons droitement notre sentier.

L'Espérant - J'ose bien affirmer que si Intérêt personnel passe par ici, et qu'il soit sollicité comme nous, il ira voir ce qui en est.

Le Chrétien - Cela ne serait pas surprenant, et il ne ferait que suivre ses principes. Mais il y a toutes les probabilités qu'il y ferait une chute mortelle.

Démas - Mais, encore une fois, ne voulez-vous pas venir ici?

Le Chrétien - Vous êtes, pour vous le dire franchement, un ennemi des voies du Seigneur, et vous avez déjà été jugé par un des juges de sa Majesté à cause de votre révolte. Pourquoi tentez-vous de nous attirer dans la même condamnation? Ah! Si nous nous retirions des voies de notre Roi, il le saurait bientôt, et nous confondrait en un moment. Nous voulons lui conserver nos coeurs libres et constants.

Démas - Je suis aussi de votre société, et si vous voulez seulement attendre un peu ici, jusqu'à ce que j'aie amassé quelques pièces de cette mine, j'irai avec vous.

Le Chrétien - Quel est votre nom? Ne vous appelez-vous pas comme je viens de vous nommer?

Démas - Oui, mon nom est Démas. Je suis enfant d'Abraham.

Le Chrétien - Vous êtes enfant de Judas, et vous marchez sur ses traces. Vous père a été pendu comme un traître et vous n'avez pas mérité un moindre supplice. Soyez assuré que nous rapporterons tout fidèlement à notre Roi, lorsque nous serons en sa présence.

C'est ainsi qu'ils passèrent leur chemin. Cependant ils virent derrière eux Intérêt personnel et ses compagnons, qui, à la moindre oeillade de Démas, s'en allèrent tout droit à lui. Je ne saurais dire s'ils trébuchèrent dans la fosse, ou s'ils descendirent pour travailler à la mine, ou enfin s'il y furent étouffés par les vapeurs qui s'en élèvent continuellement; mais ce qu'il y a de certain, c'est qu'ils ne reparurent plus dans tout le reste du chemin.

Tout ceci donna lieu au Chrétien et à l'Espérant de chanter ce cantique.

Un jour l'exécrable Démas
Vint au-devant d'un homme peu fidèle:
A peine paraît-il avec ses faux appas
Que ce malavisé court où Démas l'appelle.

Séduit par l'éclat des faux biens,
Il quitte Dieu pour des idoles vaines:
Et son âme se livre aux funestes liens
Du tyran infernal qui l'accable de chaînes.

Funeste exemple du courroux
Qu'exercera le monarque suprême
Sur ceux qui n'ont pas suivi Jésus, ce chef si doux,

Que pour des biens trompeurs et non pas pour lui-même!

Or, nos pèlerins, ayant suivi leur route sans se détourner, arrivèrent dans un lieu où se trouvait un ancien monument fort près du grand chemin, et qui leur causa à l'un et à l'autre une grande surprise. Il ressemblait à une femme changée en colonne. Les deux amis s'y arrêtèrent longtemps pour l'examiner de tous côtés, ne sachant ce que cela pouvait être. Enfin l'Espérant aperçut sur le front de cette espèce de statue une inscription en caractères fort antiques et très usés. Comme il n'était pas lettré, il appela le Chrétien, qui avait plus de connaissances que lui, pour essayer de déchiffrer cette inscription et d'en comprendre le sens. Celui-ci, après en avoir rassemblé les lettres, lut ces mots:

Luc 17 : 32 - *Souvenez-vous de la femme de Lot.*

Ce qui leur fit conclure que c'était là la statue de sel en laquelle cette femme fut changée lorsqu'elle se retourna du côté de Sodome, où elle y avait laissé son coeur.

Genèse 19 : 26 - *La femme de Lot regarda en arrière, et elle devint une statue de sel.*

Ce spectacle effrayant amena la conversation suivante.

Le Chrétien - Ah! mon frère, que ce spectacle nous est bien présenté à propos! Après avoir été sollicité par Démas à visiter le coteau du Gain, si nous étions allés comme vous y aviez du penchant, je crois bien que nous y aurions connu le même sort que cette femme, pour servir d'exemple à ceux qui viendraient après nous.

L'Espérant - J'ai bien du regret d'avoir été si insensé, et je suis surpris moi-même de ce que je n'ai pas eu le même sort que cette femme; car quelle différence y a-t-il entre elle et moi? Elle se retourna, et moi je désirais aller. Ah! Que je ne puis-je recourir à la grâce de Dieu avec une profonde confusion, après avoir été capable de concevoir une telle pensée dans mon coeur!

Le Chrétien - Remarquons bien ce que vous venez de voir, afin que cela nous serve pour l'avenir. Cette femme avait échappé à un grand malheur, et elle tomba dans un autre. Elle n'avait point péri avec Sodome, mais elle périt par un autre accident.

L'Espérant - Il est vrai, elle nous sert d'avertissement et d'exemple: d'avertissement, afin que nous évitions de tomber dans le même péché; d'exemple, pour nous apprendre quelle condamnation nous avons à attendre si nous n'en profitons pas. C'est ainsi que Coré, Dathan et Abiram, avec les 250 hommes qui périrent avec eux, furent en avertissement et en exemple (Nombres 16). Mais je m'étonne d'une chose: "Comment Démas et ses compagnons peuvent-ils être si hardis que de rechercher ainsi les trésors de ce siècle, ayant devant les yeux, sans qu'ils puissent presque éviter de le voir, l'exemple de cette femme, qui ne fit que de se tourner du côté de ces faux dieux?"; car nous ne lisons pas qu'elle eût encore fait un seul pas pour aller les chercher, et cependant elle a subi un jugement si sévère!

Le Chrétien - C'est en effet une chose bien surprenante, et qui fait bien voir que ce sont des gens désespérément malins. Je ne sais à qui je pourrais mieux les comparer qu'à ces voleurs qui prennent la bourse des autres en la présence du juge et jusque sous le gibet. Il est dit des hommes de Sodome qu'ils étaient de grands pécheurs, parce qu'ils avaient péché en la présence du Seigneur et nonobstant les bienfaits qu'il avait répandus sur eux (car le pays de Sodome était comme un jardin délicieux).

> Genèse 13 : 13 - Les gens de Sodome étaient méchants, et de grands pécheurs contre l'Eternel.

C'est ce qui réveilla sa jalousie et qui attira sur eux le feu de sa colère. D'où l'on peut conclure avec une entière certitude que ceux qui pécheront de même à la vue et au mépris de tous les exemples, pareils à ceux qui leur sont mis continuellement devant les yeux pour leur servir d'avertissement, n'auront à essuyer tôt ou tard les jugements les plus terribles.

L'Espérant - Toutes ces choses sont la vérité même; il n'y a là-dessus aucun doute. Et quelle grâce que ni vous ni moi n'ayons servi d'un pareil exemple aux autres! Cela doit bien nous engager à louer Dieu et à le craindre sans cesse, nous souvenant toujours de la femme de Lot.

Comme ils s'entretenaient ainsi, ils arrivèrent près d'un agréable ruisseau que David appelle "le ruisseau de Dieu".

> *Psaumes 65 : 10 - Tu visites la terre et tu lui donnes l'abondance, Tu la combles de richesses; Le ruisseau de Dieu est plein d'eau; Tu prépares le blé, quand tu la fertilises ainsi.*

Et Jean "les vives fontaines des eaux".

> *Apocalypse 7 : 17 - Car l'agneau qui est au milieu du trône les paîtra et les conduira aux sources des eaux de la vie, et Dieu essuiera toute larme de leurs yeux.*

Comme leur chemin les conduisait tout droit le long des bords de ce ruisseau, ils marchaient avec un grand plaisir. Ils burent aussi de l'eau du ruisseau, qui les fortifia merveilleusement et ranima leurs esprits abattus. De l'autre côté du ruisseau, il y avait, assez près du bord, toutes sortes d'arbres verdoyants dont les feuilles sont propres à nourrir et à rafraîchir les voyageurs lorsque leur sang est échauffé par la fatigue. Elles sont bonnes dans tous les cas. Auprès du ruisseau il y avait encore une prairie fort plaisante, semée de lis d'une beauté ravissante, et qui conservaient leur verdure toute l'année. Ils s'y couchèrent et s'y endormirent, car ils pouvaient s'y reposer en toute sûreté. A leur réveil, ils amassèrent et mangèrent encore quelques fruits de ces arbres, et burent de l'eau rafraîchissante du ruisseau. C'est ainsi que nos voyageurs se reposèrent et se délassèrent agréablement pendant plusieurs jours, chantant ensemble ce qui suit.

> *Heureux séjour, charmantes rives,*
> *Sources d'eaux brillantes et vives,*
> *Arbres féconds, chargés de fruits dont les vertus*
> *Restaurent l'âme languissante,*
> *Et dont l'efficace puissante*
> *Ranime les sens abattus!*
>
> *Aimables lieux! qui peut décrire*
> *Les charmes qu'en vous on admire!*
> *Heureux qui peut jouir de vos divins attraits!*

> *Heureux qui, fuyant tous les vices,*
> *Dans ce paradis de délices*
> *boivent les plaisirs à longs traits!*

Et quand ils furent prêts à continuer leur voyage (car ils ne l'avaient pas encore fini), ils mangèrent et burent encore avant de partir; après quoi ils quittèrent ce lieu délicieux.

25

LE CHÂTEAU DU DOUTE ET LE GÉANT DÉSESPOIR

L'âme chrétienne qui s'écarte du chemin du salut tombe dans les doutes, et ceux-ci la conduisent au désespoir.

Ils n'en étaient pas fort éloignés lorsque le chemin commença à s'écarter un peu du ruisseau, ce qui les consterna beaucoup. Ils n'osèrent cependant pas sortir du chemin, quoiqu'il fût en cet endroit extrêmement dur et inégal, et que les plantes de leurs pieds fussent devenues fort tendres et délicates par la longueur du voyage. Mais leurs âmes, ennuyées du chemin, comme les israélites, en désiraient un meilleur.

> *Nombres 21 : 5 - et parla contre Dieu et contre Moïse : Pourquoi nous avez-vous fait monter hors d'Egypte, pour que nous mourions dans le désert ? car il n'y a point de pain, et il n'y a point d'eau, et notre âme est dégoûtée de cette misérable nourriture.*

Au côté gauche du chemin, ils aperçurent une prairie nommée Détour et une planche pour y passer. Là-dessus le Chrétien dit à son compagnon: - Si cette prairie ne nous détourne pas de notre chemin, passons-y.

En même temps, il passa la planche pour inspecter les lieux, et il y trouva qu'en effet il y avait un sentier le long du chemin. - Ah! s'écria-t-il, voilà justement ce que je souhaitais; l'on peut marcher par ici très commodément. Venez, mon cher Espérant, entrons dans ce chemin.

- Mais, dit l'Espérant, si ce chemin nous détournait, que ferions-nous?

- Cela ne se peut, répondit le Chrétien; voyez, ce sentier ne va-t-il pas tout du long de la route?

Ainsi, l'Espérant se laissa gagner par son compagnon et le suivit par-dessus la planche. Hélas! Que de maux ils s'attirèrent par cette faute unique! D'abord, après avoir passé par cette planche, ils trouvèrent le terrain mou sous leurs pieds. Cependant, comme ils virent quelqu'un qui allait devant eux, nommé Vaine Confiance, ils l'appelèrent et lui demandèrent où ce chemin conduisait.

Il répondit: - A la porte du ciel.

- Eh bien! dit le Chrétien, vous voyez que je ne me suis point trompé et que ce chemin est bon.

En disant cela, ils continuèrent à suivre cet homme, qui les engagea dans un labyrinthe de maux d'où ils eurent mille peines de se retirer; car ils furent d'abord surpris par une nuit si obscure que le dernier ne pouvait plus voir celui qui marchait devant lui. Le ciel se couvrait d'épais nuages.

Or, parce que vaine confiance ne voyait lui-même le chemin devant ses pieds, il tomba dans une fosse profonde qui avait été creusée par le prince du pays pour y précipiter les hommes vains et orgueilleux, et il se brisa les os.

Les deux voyageurs furent vivement étonnés lorsqu'ils eurent ouï le bruit qu'il fit en tombant. Mais leur frayeur redoubla quand, après avoir demandé à haute voix ce que c'était, ils n'entendirent pour toute réponse que quelques soupirs d'un agonisant, et qu'en même temps la pluie, les tonnerres et des éclairs épouvantables commencèrent à gronder de toute part.

Alors l'Espérant dit à son compagnon: - Hé! Où en sommes-nous, mon pauvre ami?

Le Chrétien, qui avait le coeur outré de douleur pour s'être ainsi malheureusement égaré, ne répondit rien dans un premier temps, mais il donnait assez à connaître les tristes pensées qui remplissaient son âme par les soupirs et les gémissements qu'il poussait de temps à autre.

- Ah! disait-il, que n'ai-je suivi mon chemin! Qui aurait cru que ce sentier nous eût ainsi écartés de la bonne route?

L'Espérant - C'est ce que je craignais dès le commencement. J'ai pensé vous en avertir discrètement. Il est vrai que j'aurais dû parler d'une manière plus forte; mais je respectais votre âge, car vous êtes mon aîné.

Le Chrétien - Mon cher frère, ne vous impatientez pas. J'avoue avec confusion que je suis la cause de tout le malheur qui nous arrive. Je ne saurais vous exprimer la douleur qui me pénètre et les regrets que j'éprouve que vous avoir exposé à un si grand danger. Je vous prie, mon frère, pardonnez-moi; je ne l'ai pas fait dans une mauvaise intention.

L'Espérant - Que dites-vous là, mon frère? Je vous pardonne de tout mon coeur. Prenez seulement courage; j'espère que tout ceci contribuera à notre bien.

Le Chrétien - Quelle consolation dans mon malheur, et quel bonheur pour moi d'avoir rencontré un ami si doux et si charitable! Mais, sans nous arrêter ici, rebroussons chemin à l'instant.

L'Espérant - Permettez que je passe devant vous.

Le Chrétien - Non, s'il vous plaît. C'est moi qui dois passer le premier, afin que, s'il y a quelque péril à craindre, j'y sois le premier exposé, puisque c'est moi qui vous ai fait fourvoyer.

L'Espérant - Non, vous ne le ferez pas, car votre esprit étant agité comme il l'est, vous pourriez encore manquer le chemin.

En même temps, ils entendirent une voix d'exhortation qui leur dit:

Jérémie 31 : 21 - Dresse des signes, place des poteaux, Prends garde à la route, au chemin que tu as suivi... Reviens, vierge d'Israël, Reviens dans ces villes qui sont à toi !

Ils prirent donc la résolution de retourner en arrière. Mais il faisait si obscur et la pluie était tellement forte qu'ils furent plusieurs en danger de périr. Ils ne purent pas même de toute la nuit, quelque diligence qu'ils fissent, retrouver la planche sur laquelle ils avaient passé; de sorte qu'ils furent obligés de se mettre à l'abri dans une petite caverne, où ils s'assirent jusqu'à ce que le jour commençât à paraître, et, parce qu'ils étaient fatigués, ils s'endormirent. Ces pauvres voyageurs éprouvèrent alors qu'il était bien plus aisé de sortir du chemin quand on y est que d'y entrer lorsqu'on en est une fois sorti.

A quelque distance de cette caverne, il y avait un château, nommé le Doute, occupé par un géant nommé Désespoir, qui s'étant levé de bon matin et se promenant dans la campagne, trouva le Chrétien et l'Espérant dormant sur ses terres. Il leur cria avec fureur et d'un ton menaçant qu'ils eussent à s'éveiller. Ensuite il leur demanda qui ils étaient et ce qu'ils faisaient sur ses terres.

- Nous sommes, dirent-ils, des voyageurs qui ont manqué le chemin.

- Mais d'où vient, leur dit-il brusquement, que vous avez eu l'audace de vous coucher sur mes terres? Suivez-moi sans délai, et vous saurez à qui vous avez à faire.

Ils n'osèrent refuser; car, outre que le sentiment de leur faute les rendait timides, ils craignaient de l'irriter davantage, parce qu'il était beaucoup plus fort qu'eux. Après les avoir ainsi traînés dans son château, il les jeta dans un cachot obscur et puant, où ils furent enfermés depuis le mercredi matin jusqu'au samedi soir. Il est aisé de juger ce que leur condition avait de lamentable; car, enfin, les voilà destitués de toute espérance, privés de tout secours humain, sans parents, sans amis, tyrannisés par le Désespoir, dans des ténèbres affreuses, n'ayant pas même un seul morceau de pain ni une petite goutte d'eau pour apaiser la faim et la soif qui les tourmentaient; de sorte qu'ils ne voyaient que les affreuses images de la mort qui se présentaient à eux de toute part. Mais ce qui faisait surtout le supplice du Chrétien, c'était d'avoir causé, par ses avis imprudents, le malheur de son fidèle ami.

26

CONTINUATION, HEUREUSE DÉLIVRANCE

L'âme qui ne sait plus espérer en Dieu pour son salut éternel se voit en proie au désespoir; mais la confiance aux promesses de Jésus nous fait retrouver la liberté et le chemin du ciel.

Le géant Désespoir étant seul avec sa femme l'Incrédulité, il lui raconta comment il avait jeté deux prisonniers dans le cachot pour les avoir trouvés sur ses terres, et lui demanda ce qu'elle trouverait le plus à propos de faire d'eaux. Elle s'enquit de lui de quelles gens c'était. Il lui récita le tout, et là-dessus elle lui conseilla de les battre le lendemain matin sans aucune miséricorde.

Le géant ne fut pas plus tôt levé qu'il se mit en état d'exécuter le conseil que sa femme lui avait donné. Pour cet effet, il se saisit d'un énorme bâton, et s'étant jeté sur eux, avec une fureur inexprimable, quoiqu'ils ne lui disent pas une mauvaise parole, il les battit si rudement qu'ils demeurèrent par terre sans pouvoir se relever. Après quoi il s'en alla, et les laissa sur le carreau, où ils eurent tout le temps de déplorer leur malheur.

Pendant que les deux pauvres pèlerins s'abandonnaient à des regrets et à des soupirs continuels dans leur cachot ténébreux, le géant Désespoir ne pensait qu'aux moyens de les faire périr; c'est de quoi il s'entretint encore la nuit suivante avec sa femme l'Incrédulité, qui, ayant appris qu'ils étaient encore en vie, lui conseilla de les faire mourir. Ainsi, dès l'aube du jour, il se rendit auprès d'eux, et les sollicita fortement de se donner la mort. Mais comme ils balançaient à suivre des suggestions, il se jeta derechef sur eux avec fureur, et aurait infailliblement achevé de les tuer, s'il n'avait été surpris lui-même d'une maladie à laquelle il est sujet lorsqu'il aperçoit les rayons et l'impression du soleil. Il fut hors d'état de se servir de ses mains pendant ce temps-là. Ainsi il les laissa dans leur état actuel, et se retira en méditant sur ce qu'il aurait à faire ultérieurement. Cependant les prisonniers se consultaient de leur côté sur le parti qui leur serait le plus avantageux.

— Que ferons-nous, mon frère? dit le Chrétien. Que notre sort est à plaindre et notre vie misérable! Quant à moi, je ne sais ce qui me serait le meilleur: ou de traîner une vie aussi triste, ou de mourir sur-le-champ. Je préférerais mourir de la plus cruelle mort (Job 7:15), et le sépulcre me serait plus agréable que cette fosse. Quoi! Faut-il que nous nous laissions ainsi tyranniser par ce géant?

L'Espérant — J'avoue que notre état présent est fort déplorable, et la mort me serait aussi plus douce que la vie. Mais souvenons-nous que le Seigneur, vers qui nous tendons, nous a dit: "Tu ne tueras point". Que si nous ne devons point tuer les autres, beaucoup moins devons-nous être les meurtriers de nous-mêmes, puisque celui qui tue son prochain ne détruit que son corps, mais celui qui se tue lui-même détruit son corps et son âme. Vous parlez de trouver dans la mort la délivrance de vos maux ... mais avez-vous oublié l'enfer, mon frère, où les meurtriers sont infailliblement précipités? Car les meurtriers n'hériteront point le royaume des cieux. Souvenons-nous aussi que le géant Désespoir n'a pas tout puissance en main; et j'ai ouï dire que plusieurs qui, comme nous, avaient été pris sur ses terres, étaient cependant heureusement échappés. Qui sait si Dieu, le Maître de la vie et de la mort, ne fera pas mourir le géant Désespoir lui-même? Où ne pourrait-il pas arriver qu'il oubliât une fois de fermer le château? Où qu'il fût encore violemment surpris de cette maladie qui lui ôte tout l'usage de ses membres? Quoi qu'il arrive, je suis résolu de prendre courage et d'attendre la dernière extrémité, ou de tenter si nous ne pourrions point nous échapper de ses mains. J'ai été mal avisé de ne pas l'avoir tenté plus tôt. Cependant, mon frère, ayons patience, et ne perdons pas courage dans nos maux. Qui sait si nous ne sommes pas à la veille d'obtenir une heureuse délivrance? Prenons seulement garde de ne pas être les meurtriers de nous-mêmes.

Ces paroles rendirent un peu de courage au Chrétien, de sorte que le géant, étant revenu sur le soir dans la fosse pour voir si les prisonniers avaient suivi son conseil, fut extrêmement surpris de les voir plus dispos et plus heureux qu'auparavant. C'est alors que, les regardant de travers, il leur dit d'un ton menaçant qu'ils se repentiraient de ne pas avoir suivi son conseil, et qu'il leur arriverait tant de maux qu'ils maudiraient le jour de leur naissance.

Ces menaces les firent trembler. Le Chrétien surtout en fut si effrayé qu'il tomba en défaillance. Mais, après qu'il fut un peu revenu à lui-même, les deux amis renouèrent conversation et délibérèrent sur le parti qu'ils devaient prendre, car le Chrétien inclinait à suivre le conseil du Désespoir, mais l'Espérant s'y opposa vivement.

— Mon frère, disait-il, ne vous souvient-il plus de la fermeté que vous avez fait paraître jusqu'ici? Rien n'a pu vous ébranler: la fureur d'Apollyon, la fardeau accablant que vous portiez, les affreux objets que vous avez vus dans la Vallée obscure, les cris lugubres que vous y avez entendus, en un mot mille accidents qui vous sont arrivés dans votre route. Rien n'a été capable de vous faire perdre courage, et maintenant vous êtes la faiblesse même! Quant à moi, j'espère un sort plus favorable, quoique ma condition présente ne diffère en rien de la vôtre, quoique je suis assujetti aux même maux et que j'ai beaucoup moins de force et d'expérience que vous. Prenez donc patience avec moi, mon cher ami. Rappelez dans votre souvenir la force que vous avez toujours fait paraître, et, en particulier, le courage invincible avec lequel vous avez affronté, dans la Foire de la Vanité, les chaînes, les prisons, le carcan et la mort même dont vous étiez continuellement menacé. Et si cela ne suffit pas, que du moins la considération du blasphème auquel le christianisme est exposé quand on se soustrait aux souffrances, nous porte à tout souffrir avec patience jusqu'à l'éternité.

C'est ainsi que les deux pèlerins passèrent le reste de la nuit suivante. Mais à peine le jour commençait à paraître que les géants les traîne dans la cour, suivant le conseil de sa femme, et leur montre des os qui y étaient semés de toutes parts.

- Ceux-ci, leur dit-il, étaient aussi des voyageurs comme vous. Ils vinrent sur mes terres comme vous l'avez fait, et je les ai punis de leur témérité: je les ai mis en pièces. Et avant que deux jours soient passés vous pouvez compter que vous subirez la même peine. Retournez dans votre cachot.

En même temps il les chassa devant lui jusqu'à la prison, où ils demeurèrent jusqu'au samedi dans un état très pitoyable.

La nuit étant revenue, comme l'Incrédulité et le Désespoir s'entretenaient encore de l'état des prisonniers, le vieux géant témoignait à sa femme l'extrême surprise qu'il avait de ne pouvoir venir à bout, ni par ses coups, ni par ses suggestions, de les pousser à se donner la mort.

- Je crois, dit sa femme, qu'ils vivent encore dans l'espérance que quelqu'un viendra les délivrer, où qu'ils trouveront quelque trou souterrain pour s'enfuir.

- Croyez-vous cela? dit le géant. Il faut donc que demain je les soumette encore à une nouvelle épreuve.

Cependant les prisonniers s'étaient mis à prier dès le milieu de la nuit du samedi, et jusqu'au point du jour. Enfin, le Chrétien, un peu avant que le jour parût, éclata en ces mots: - Que je suis insensé de demeurer couché dans cette fosse puante, au lieu de me mettre en liberté! N'ai-je pas en mon sein une clé nommée PROMESSE qui doit ouvrir sûrement toutes les serrures de ce château du Doute?

- Quelle bonne nouvelle, mon cher frère! Dit l'Espérant. Sortez-la, je vous prie, et essayons si elle pourra ouvrir.

Le Chrétien se hâta donc de sortir cette clé et commença par l'essayer à la porte de la prison. La chose réussit parfaitement, car il ne l'eut pas plus tôt tournée une fois que la porte s'ouvrit avec éclat, de sorte qu'ils sortirent tous deux. Ils allèrent ensuite à une porte de fer qui donne sur la basse-cour du château, qu'ils ouvrirent également sans peine par le moyen de cette clé. Ils trouvèrent après une autre porte de fer qui était très difficile à ouvrir; cependant cette clé l'ouvrit avec la même facilité. Enfin, ils se hasardèrent d'ouvrir les grandes portes pour être en état de poursuivre et de hâter leur voyage. Elles s'ouvrirent en effet, mais elles firent un si grand bruit en s'ouvrant que le géant en fut éveillé. Il soupçonna d'abord ce que c'était, et il voulut se lever en hâte, dans le dessein de poursuivre ses prisonniers; mais sa maladie le saisit avec tant de violence qu'il n'eut pas la liberté de se servir de ses membres, de sorte que les voyageurs eurent tout le temps de s'enfuir. Ainsi ils se hâtèrent de se rendre au chemin royal où, n'étant plus sur les terres du géant, ils se retrouvèrent en parfaite sûreté.

Après avoir repassé la planche, ils cherchèrent quel serait le signal le plus convenable qu'ils pourraient y mettre pour empêcher ceux qui viendraient après eux de tomber en la puissance du géant Désespoir. Et ils trouvèrent bon d'y placer une colonne avec cette inscription: "Au-delà de cette planche est le chemin qui conduit au château du Doute, possédé par le géant Désespoir qui méprise le Roi de la Cité céleste et qui cherche à faire périr les saints voyageurs". Cette inscription a été dès lors fort utile à plusieurs voyageurs qui, par ce moyen, ont évité le péril. Après cela nos pèlerins élevèrent leurs voix pour chanter ce cantique.

O sécurité flatteuse!
Que tu nous causes de maux,
Et qu'une âme est malheureuse
Qui cherche en toi son repos!

Tu nous promets des délices:
Mais tout ce que tu promets
Se termine à des supplices
Qui ne finiront jamais.

Par certaine voie unie
Couverte de faux appas,
Du droit chemin de la vie
Tu sais détourner nos pas.

L'orgueil que tu nous suggères
Avec tes illusions,
Cache à nos yeux nos misères,
Nos vices, nos passions.

Tu nous enivres sans cesse
Du doux et subtil poison
De l'aise et de la paresse
Qui fait tarir l'oraison.

Tu nous conduis dans la voie
Où, sans s'en apercevoir,
On devient enfin la proie
Du doute et du désespoir.

O Sécurité trompeuse,
Que tu nous causes tant de maux!
Et qu'une âme est malheureuse
Qui cherche en toi son repos!

Plutôt, âmes désireuses
Des biens de l'éternité,
Fuyez ces voies flatteuses,
Fuyez la sécurité.

Veillez! Ne cessez de suivre
Le chemin semé de croix.
Lui seul peut nous introduire
Au palais du Roi des rois.

27

LES AIMABLES COLLINES, AVEUGLES, ENFER, ILLUMINATION

Heureux repos de l'âme. Différentes manières de faire naufrage quant à la foi, et triste sort de ceux qui ont ce terrible malheur. Avant-goûts du ciel.

Après cela, continuant leur voyage, ils arrivèrent aux aimables collines, qui appartiennent aussi au Seigneur du coteau donc nous avons parlé ci-dessus. Ils y montèrent pour y voir les beaux jardins, les vignes et les fontaines agréables qu'on y découvre. Ils y burent, ils s'y lavèrent, et ils mangèrent sans empêchement du fruit de la vigne.

Au haut des collines on voyait des bergers qui gardaient leurs troupeaux des deux côtés du grand chemin. Nos pèlerins allèrent droit à eux pour jouir de leur entretien, s'appuyant sur leurs bâtons, comme les voyageurs sont accoutumés de faire quand ils sont fatigués et qu'ils s'arrêtent en chemin pour parler à quelqu'un. Ils demandèrent aux bergers à qui appartenaient ces aimables collines et les brebis qui y paissaient.

Les Bergers - C'est le pays d'Emmanuel, et les collines sont situées en vue de sa ville. Ces brebis lui appartiennent aussi, car il a donné sa vie pour elles.

Jean 10 : 14 - Je suis le bon berger. Je connais mes brebis, et elles me connaissent,

Le Chrétien - C'est ici le chemin de sa ville?
Les Bergers - Oui, c'est le droit chemin.
Le Chrétien - Est-elle encore éloignée?
Les Bergers - Très éloignée, excepté pour ceux qui ne se détournent ni à droite ni à gauche.
Le Chrétien - Le chemin est-il sûr ou périlleux?
Les Bergers - Il est sûr pour les fidèles sujets du Roi, mais les rebelles y trébucheront.

Le Chrétien - Ne peut-on point trouver ici de rafraîchissements pour des voyageurs, lorsqu'ils sont fatigués et qu'ils défaillent en chemin?

Les Bergers - Le Seigneur de ces collines nous a commandé d'exercer l'hospitalité, et de faire accueil aux étrangers.

Hébreux 13 : 2 - N'oubliez pas l'hospitalité; car, en l'exerçant, quelques-uns ont logé des anges, sans le savoir.

C'est pourquoi tous les biens de ces lieux sont à votre disposition.

Après que les bergers eurent ainsi satisfait à toutes leurs demandes, ils les questionnèrent à leur tour sur diverses choses auxquelles nos deux voyageurs répondirent fort pertinemment. Entre autres, ils leur demandèrent comment ils étaient parvenus à cette montagne; par quel moyen ils avaient pu poursuivre leur voyage jusque-là; car, ajoutèrent-ils, du grand nombre de ceux qui se mettent en chemin, il y en a bien peu qui parviennent jusqu'à ces collines-ci.

Les voyageurs donnèrent à toutes ces questions des réponses dont les bergers demeurèrent fort satisfaits, de sorte qu'ils commencèrent à les regarder d'un oeil très favorable, et à entrer dans une étroite familiarité avec eux.

Les noms de ces bergers étaient la Connaissance, l'Expérience, la Vigilance et la Sincérité. Ils prirent les pèlerins par la main et les menèrent dans leurs tentes, où ils leur donnèrent tout ce qu'ils pouvaient présenter, les priant de faire quelque séjour parmi eux, afin de faire plus ample connaissance, et afin qu'ils pussent être mieux restaurés des fruits salutaires de ces collines; à quoi ils consentirent d'autant plus volontiers qu'il était déjà très tard. Ainsi ils passèrent là la nuit.

Je vis qu'au point du jour les bergers éveillèrent le Chrétien et l'Espérant pour les emmener promener sur les collines. Ils sortirent donc ensemble et marchèrent pendant quelque temps, ayant de tous côtés une vue magnifique. Alors un des bergers dit aux autres: - Ne voulons-nous pas faire voir quelques raretés à nos voyageurs?

Ce que chacun ayant approuvé, ils les menèrent pour cet effet sur la cime d'un coteau nommé l'Erreur, qui était fort escarpé d'un côté. Ils leur dirent de regarder en bas. Dès qu'ils eurent tourné les yeux de ce côté-là, ils aperçurent au fond plusieurs personnes étendues, qui étaient brisées au point d'être méconnaissables.

- Que veut dire ceci? dit le Chrétien.

- N'avez-vous point, répondirent les bergers, entendu parler de ceux qui tombent dans l'erreur pour avoir, comme dit un apôtre, écouté Hymenée et Philète, entre autres choses, au sujet de la résurrection?

2 Timothée 2 : 17 - et leur parole rongera comme la gangrène. De ce nombre sont Hyménée et Philète,

- Oui, plus d'une fois, répliquèrent-ils.

Sur cela, les bergers continuèrent, disant: - Ce sont ceux-là que vous voyez étendus au pied de cette montagne, et qui y sont demeurés jusqu'à présent sans sépulture, pour être en exemple aux autres, afin qu'ils ne veuillent pas monter trop haut ou s'approcher trop près du bord de cette montagne.

Je vis ensuite qu'ils les menèrent sur une haute colline nommée Prends garde. Ils leur dirent de regarder aussi loin que leur vue pourrait s'étendre; ce qu'ils firent. Et il leur sembla qu'ils voyaient diverses personnes allant et venant dans des cimetières; et comme ces gens heurtaient souvent des pieds contre les tombeaux, et qu'ils ne pouvaient pas s'en tirer, ils jugèrent que c'étaient des aveugles.

Le Chrétien - Qu'est-ce donc que cela?

Les Bergers - Ne voyez-vous pas, au pied de cette colline, une planche qui conduit dans une prairie qui est à notre gauche?

Le Chrétien, l'Espérant - Oui.

Les Bergers - Il y a un sentier qui conduit depuis cette planche tout droit au château du Doute, dont le géant Désespoir est le seigneur. Ces hommes (montrant du doigt ceux qui marchaient parmi ses sépulcres) étaient des voyageurs, comme vous, qui étaient arrivés jusqu'à cette planche. Et parce que le chemin en cet endroit est un peu rude, ils résolurent de passer par la prairie, où le géant Désespoir les surprit et les jeta dans un cachot, et, après les y avoir laissés croupir quelques temps, il leur creva les yeux. Ensuite il les mena dans ces cimetières, où il les a laissés jusqu'à ce jour, afin que fût accomplie la parole du Sage: "L'homme qui se fourvoie du chemin de la prudence aura sa demeure parmi les morts".

Le Chrétien et l'Espérant, ayant ouï ces paroles, commencèrent à se regarder l'un l'autre avec les larmes aux yeux. Ils ne dirent cependant rien aux bergers.

Les bergers menèrent encore les pèlerins dans une espèce de vallon enfoncé, où il y avait une porte à côté d'une colline. Les bergers ouvrirent cette porte et leur dirent d'y regarder. C'était un lieu fort obscur. Alors le Chrétien demanda ce que c'était.

Les Bergers - C'est un chemin qui aboutit à l'enfer, et où marchent les hypocrites, savoir: ceux qui vendent leur droit d'aînesse comme Esaü; ceux qui trahissent leur maître comme Judas; ceux qui blasphèment l'Evangile comme Alexandre; et ceux qui mentent au Saint esprit comme Ananias et Saphira.

L'Espérant - Je remarque que chacun d'eux est équipé en voyageur comme nous. N'en est-il pas ainsi? N'avaient-ils pas notre costume?

Les Bergers - Cela est vrai, et ils sont même allés assez loin.

L'Espérant - Jusqu'où sont-ils venus avant que d'être ainsi misérablement rejetés?

Les Bergers - Quelques-uns ne sont pas venus jusqu'à cette montagne, mais d'autres l'ont dépassée de beaucoup.

- Oh! S'écrièrent alors les deux voyageurs, qu'il est nécessaire que nous invoquions sans cesse le secours du Tout-Puissant afin qu'il nous affermisse et nous soutienne jusqu'au bout!

Les Bergers - Oui, sans doute, nous devons l'invoquer continuellement, et il faut aussi que vous fassiez usage de la force qu'il vous donnera une fois que vous l'aurez reçue.

Là-dessus, les voyageurs ayant témoigné le désir de continuer leur voyage, les bergers y consentirent et voulurent même les accompagner jusqu'à l'endroit où finissent les collines. Alors les bergers se dirent l'un à l'autre: - Nous pourrions bien faire voir d'ici à nos voyageurs les portes de la cité céleste avec des lunettes d'approche; ils ont une bonne vue.

Les voyageurs n'eurent pas plus tôt entendu cette proposition qu'ils témoignèrent beaucoup d'empressement d'en profiter. C'est pourquoi les bergers les menèrent jusque sur la cime d'une très haute montagne nommée Illumination, et leur donnèrent des lunettes d'approche, par lesquelles ils essayèrent de regarder. Mais les choses qu'ils venaient de voir les avaient tellement émus qu'ils en avaient encore les mains tremblantes, de sorte qu'ils ne pouvaient pas se maintenir assez ferme pour remarquer les objets distinctement. Cependant il leur sembla voir quelque chose de semblable à une porte, et quelques rayons de la gloire de ce lieu. Ils se mirent à chanter.

> *Apprenne avant tout à connaître*
> *Les vérités qui sont du ciel.*
>
> *Déjà c'est un profond mystère*
> *Que les sages, les entendus,*
> *N'aient point de part dans cette affaire:*
> *Ils sont renvoyés confondus.*
>
> *Pour en avoir la connaissance*
> *Il faut être des plus petits,*
> *Laisser là tout autre science,*
> *Devenir de simples brebis.*
>
> *C'est près d'un tel pasteur fidèle,*
> *Qu'une âme, en sa perplexité,*
> *Trouve des conseils pleins de zèle*
> *Pour sortir de calamité.*
>
> *Heureux bergers! Brebis heureuses!*
> *Qui, ne craignant aucun danger,*
> *Suivez les traces lumineuses*
> *De votre souverain berger!*

Or comme nos pèlerins étaient disposés à continuer leur chemin, l'un des bergers leur donna une adresse pour la route; un autre les exhorta à se méfier des mauvais compagnons de voyage; le troisième les avertit de ne pas s'endormir sur le terroir enchanté, et le quatrième leur souhaita un bon voyage. Après quoi ils se séparèrent, et les voyageurs quittèrent ces aimables collines pour continuer leur route.

28

L'IGNORANT, UN APOSTAT, LE FAIBLE EN LA FOI

Quelques réflexions sur les fausses espérances que conçoivent pour la vie à venir les hommes qui ne connaissent pas le système évangélique. Triste état d'une âme faible dans la foi.

Un peu à côté de ces coteaux, il y a un pays, nommé Imagination, d'où l'on vient par un petit sentier qui aboutit au chemin où marchaient les voyageurs.

Un nommé l'Ignorant, jeune homme présomptueux, qui venait de ce pays, rencontra dans cet endroit l'Espérant et le Chrétien. Ceux-ci lui demandèrent d'où il venait et où il voulait aller.

- Je suis, répondit-il, du pays que vous voyez ici à main gauche. Je quitte mon pays natal et je vais à la cité céleste.

- Comment est-ce, dit le Chrétien, que vous prétendez y entrer? Car vous rencontrerez encore bien des difficultés.

- Je connais, dit l'Ignorant, aussi bien le chemin qu'un autre.

- Qu'avez-vous donc, continua le Chrétien, pour montrer à la porte, et qui puisse vous en faciliter l'entrée?

- Je connais, dit l'Ignorant, la volonté de mon Maître. Je ne suis ni adultère, ni injuste, ni ravisseur. Je rends à chacun ce qui lui est dû, je jeûne, je donne des dîmes, je fais des aumônes, et j'abandonne mon pays pour arriver où je vais.

- Mais, dit le Chrétien, vous n'avez pas passé par la porte étroite qui est à l'entrée du chemin; vous êtes entré dans la route par une voie oblique: c'est pourquoi je crains, quelque bonne opinion que vous puissiez avoir de vous-même, que quand le moment de rendre compte sera venu, vous ne soyez regardé comme un larron et un brigand, bien loin que l'entrée de la cité vous soit accordée.

- Messieurs, dit l'Ignorant, je ne vous connais point, et je vous suis pareillement inconnu. Qu'il vous suffise de pratiquer la religion de votre pays et laissez-moi suivre la mienne: j'espère que tout ira bien. Quant à cette porte dont vous me parlez, tout le monde sait qu'elle est fort éloignée de notre pays. Je ne crois même pas qu'il se trouve une personne qui connaisse le chemin qui y conduit. Aussi ne nous importe-t-il point de le savoir, puisque, comme vous le voyez, nous avons un chemin si agréable qu'il arrive tout droit depuis notre pays dans celui-ci.

Le Chrétien, connaissant par là combien ce jeune homme était sage dans sa propre imagination, dit à l'Espérant: - Il y a plus d'espérance pour un fou que pour lui. Et bien que le fou soit fou dans ses voies, il l'est moins que celui-ci. Que voulons-nous faire de plus? Devons-nous lui parler encore ou l'abandonner? Il me semble que nous ferions bien de prendre les devants et de lui donner du temps pour faire quelques réflexions sur ce qu'il vient d'entendre. Après cela, nous pourrons encore essayer de l'entreprendre; peut-être sera-t-il mieux disposé dans la suite à nous écouter.

L'Espérant fut de cet avis, et en même temps il se mit à chanter ce qui suit.

> *Comment peut un aveugle aller le droit chemin,*
> *Etant sans lumière et sans guide?*
> *Comment une tête stupide*
> *Peut-elle, sans l'Esprit divin,*
> *Des mystères du ciel avoir l'intelligence?*
>
> *Ah! Si du moins ton ignorance,*
> *Malheureux, t'excitait à suivre un conducteur,*
> *Il pourrait encor t'introduire,*
> *Par la clarté qu'il ferait luire,*
> *Dans le chemin du vrai bonheur.*

Cependant ils laissèrent l'Ignorant derrière eux, et arrivèrent ensuite dans un chemin fort obscur, où ils rencontrèrent un homme qui était traîné par sept diables avec sept grosses cordes, vers la porte qu'ils avaient vue à côté de la colline.

Ce spectacle effraya le Chrétien, en sorte qu'il était tout tremblant, aussi bien que l'Espérant.

Etant revenu à lui-même, il s'avança pour voir s'il ne connaîtrait point ce malheureux. Mais il ne put pas bien l'apercevoir parce qu'il baissait la tête comme un larron qu'on vient de saisir et qu'on mène en prison. Cependant l'Espérant remarqua en passant qu'il avait sur le dos un écrit portant ces mots: "Un méchant confesseur, un maudit apostat".

- Ceci, dit le Chrétien, me rappelle le souvenir d'une histoire qui m'a été racontée autrefois, et dont je vais vous faire le récit. Il y avait un homme nommé Faible en la foi, homme très bon, qui demeurait dans la ville de Sincérité. A l'entrée du chemin où nous marchons aboutit un autre chemin de traverse qui vient de la porte du chemin large, et qui se nomme la rue des Morts, à cause de beaucoup de meurtres qui s'y commettent. Or, il arriva qu'un jour ce bonhomme Faible en la foi, faisant le même voyage que nous faisons maintenant, s'assit dans ce chemin et s'y endormit. Dans ce moment survinrent trois méchants hommes, le Timide, le Méfiant et le Coupable., qui venaient de la porte large, et qui, ayant découvert le Faible en la foi, coururent tout droit à lui. Le pauvre homme s'éveilla au bruit qu'ils firent, et s'efforça de se lever pour continuer son voyage. Mais ces scélérats se jetèrent sur lui tous trois à la fois avec de terribles menaces, lui commandant de s'arrêter. A ces menaces, le Faible en la foi fut saisi d'une si grande frayeur qu'il devint pâle comme la mort, et qu'il ne lui resta aucune force, ni pour combattre, ni pour fuir. Le Timide lui demandait sa bourse, et comme il ne se pressait pas de la donner, parce qu'il n'avait pas envie de se défaire de son argent, le Méfiant accourut promptement et lui ayant mis la main dans la poche, il lui ôta tout ce qu'il put y trouver. Le Faible en la foi voulut appeler du secours, mais le Coupable le frappa sur la tête avec un bâton qu'il avait en main, et avec une telle force qu'il fut terrassé d'un seul coup, et qu'il manqua de perdre tout son sang. Les voleurs s'arrêtèrent quelques moments auprès de lui. Mais ayant aperçu quelqu'un qui venait vers eux, et craignant que ce ne fût Grande Grâce, ils prirent la fuite. Le Faible en la foi étant revenu à lui-même, et se trouvant dans un état de se relever, s'efforça de se traîner tout doucement le long du chemin. C'est là l'histoire telle qu'elle m'a été racontée.

L'Espérant - Mais lui prirent-ils tout ce qu'il avait?

Le Chrétien - Non, ils ne trouvèrent point l'endroit où il avait caché ses joyaux, quelque soin qu'ils prissent de les chercher. Ainsi il les conserva encore. Toutefois ce bonhomme fut très affligé de sa perte, car les voleurs lui avaient enlevé la plus grande partie de l'argent qui lui était nécessaire pour sa dépense, et ne lui avaient laissé, comme je l'ai dit, que ses joyaux et quelque peu de monnaie, mais qui ne put suffire pour achever son voyage. Comme il ne voulait pas vendre ses joyaux, il faisait ce qu'il pouvait pour subsister, et il fut même contraint de mendier pour vivre et continuer sa route.

29

CONTINUATION

Suite des réflexions sur les âmes faibles dans la foi.

L'Espérant - Mais n'est-il pas surprenant qu'ils ne lui aient pas emporté son témoignage qui devait le faire recevoir à la porte du ciel?

Le Chrétien - Ce fut, en effet, une merveille; car dans le trouble où il se trouvait alors, il était incapable de prendre la moindre précaution pour mettre son témoignage en sûreté. Mais, par un effet de la bonne Providence, ils ne le trouvèrent point.

L'Espérant - Ce fut sans doute une grande consolation pour lui.

Le Chrétien - Il est vrai qu'il aurait pu en tirer les plus grandes consolations, s'il avait su s'en servir comme il aurait dû le faire. Mais on m'a assuré qu'il s'en était très peu prévalu tout le long du chemin, à cause de la frayeur que ces malheureux lui avaient causée. Il fut même longtemps sans y penser; et lorsque ces joyaux lui revinrent à l'esprit, et qu'il tâchait parfois d'en tirer quelque consolation, le souvenir de sa perte faisait sur lui une impression si vivre que son esprit en était absorbé.

L'Espérant - Ah! Le pauvre homme, que son état est à plaindre! Quelle ne devait pas être, en effet, son affliction lorsqu'il se voyait ainsi dépouillé et cruellement maltraité dans un lieu étranger comme celui où il se trouvait alors! Il y en avait là assez pour mourir de tristesse.

Le Chrétien - Aussi ne fit-il autre chose, comme je l'ai appris, durant tout son voyage que soupirer et gémir très amèrement, en racontant à tous ceux qu'il rencontrait le cruel traitement qu'il avait éprouvé, tout ce qu'il avait perdu et souffert.

L'Espérant - Mais il est surprenant que, dans une nécessité si pressante, il n'ait pas été poussé à vendre ses joyaux, afin de s'en servir pour les besoins de son voyage.

Le Chrétien - Vous en parlez, mon frère, comme un homme qui a encore les écailles sur les yeux; car, dites-moi, je vous prie, contre quoi aurait-il pu les échanger? Dans toute la contrée où il fut volé, ces sortes de joyaux ne sont point estimées. D'ailleurs c'était là tout ce qui pouvait lui donner un peu de consolation et quelque courage dans toutes ses peines. Enfin, s'il n'avait pu montrer ses joyaux à la porte de la cité céleste, il aurait été exclu et n'aurait point eu de part à l'héritage qu'il cherchait. C'est ce qu'il savait très bien, et cela lui aurait été infiniment plus sensible que les assauts de mille voleurs.

L'Espérant - Vous êtes bien sévère, mon frère. Esaü vendit bien son droit d'aînesse pour un potage de lentilles, bien que la primogéniture fût ce qu'il avait de plus précieux. Pourquoi le Faible en la foi n'aurait-il pas pu en faire autant?

Le Chrétien - Il est vrai qu'Esaü vendit son droit d'aînesse, mais ce fut aussi la cause pour laquelle il fut rejeté et privé de la meilleure bénédiction. Et c'est ce qui arrive encore aujourd'hui à tant de malheureux qui suivent son exemple. Mais vous devez distinguer l'état de ces gens de celui du Faible en la foi; car Esaü a fait de son ventre son Dieu, mais pas celui-ci. Le péché d'Esaü provenait uniquement de sa convoitise charnelle, car il disait: "S'il faut que je meure, de quoi me servira cette primogéniture!". Mais quant à Faible en la foi, quoique son caractère fût de n'avoir qu'une petite foi, cependant il en avait assez pour ne pas s'abandonner à un si énorme péché. Voilà la raison qui lui fit reconnaître le prix de ses joyaux, et les estimer assez pour ne pas les vendre, comme Esaü fait de son droit d'aînesse. Vous ne lisez nulle part qu'Esaü ait eu de la foi, non pas même dans son plus petit degré. C'est pourquoi il n'est pas étonnant qu'une personne en qui l'affection de la chair domine, comme cela a lieu dans un homme qui n'a point de foi, vende ses privilèges spirituels, son âme et tout ce qu'il a, fût-ce même au démon. Car il en est d'un tel homme, selon les expressions des prophètes, comme d'un âne sauvage dans un désert, humant le vent à son plaisir, et courant avec une ardeur excessive sans qu'on puisse l'arrêter. Lorsque de tels gens sont attachés à quelque volupté, ils veulent en jouir à quelque prix que ce soit. Mais le Faible en la foi était disposé tout autrement: son coeur était tourné du côté du ciel. Il aimait les choses spirituelles et célestes. Quelle apparence y a-t-il que dans ces dispositions il eût voulu vendre ses joyaux pour des choses de néant? Qui voudrait seulement donner un denier de cet argent-là pour se rassasier? Où qui pourrait forcer une tourterelle à se poser sur un cadavre comme un vil corbeau? Bien qu'un incrédule engage et vende tout ce qu'il a pour satisfaire ses passions charnelles, et qu'il cherche son bonheur dans ces choses, il n'en est pas de même de celui qui a la foi, la foi salutaire, quoique faible. Il ne peut en user de cette manière, et c'est ce que vous ne compreniez pas.

L'Espérant - Je le confesse, mais votre sévérité m'avait d'abord fait quelque peine.

Le Chrétien - Et pourquoi? Je vous comparais seulement à ces petits oiseaux qui ne font que sortir de leur coquille, et qui courent par-ci par-là, bien qu'ils n'aient pas encore les yeux ouverts et qu'ils ne sachent où ils vont. Mais passons, regardez seulement à la chose dont il est question: nous serons bientôt d'accord.

L'Espérant - Mais, mon cher Chrétien, je crois que ces trois scélérats n'étaient que des poltrons, autrement ils n'auraient pas fui au moindre bruit qu'ils entendirent. C'est ce qui devait encourager le Faible en la foi, et lui inspirer la résolution de se mettre en défense, et de ne se rendre qu'à la dernière extrémité.

Le Chrétien - Chacun dit bien qu'ils sont des poltrons, mais au temps de la tentation et de l'épreuve, il y en a peu qui les trouvent tels. Vous parlez d'un grand courage, mais le Faible en la foi ne l'avait pas. Et peut-être que si vous-même vous eussiez été à la place de cet homme, vous vous seriez d'abord un peu défendu, et puis laissé prendre. Enfin, souvenez-vous que ce sont là des voleurs qui surprennent les voyageurs. Ils sont au service du roi de l'Abîme sans fond, qui vient lui-même à leur secours dans le besoin, et dont la voix ressemble à celle d'un lion rugissant. Je me trouvai aussi un jour, comme le Faible en la foi, dans cette extrémité, et j'éprouvai combien c'est une chose terrible; car ces hommes s'étant jetés sur moi, je me mis en défense comme il convient à un véritable chrétien. Mais au premier cri leur maître vint à leur secours: alors j'aurais donné ma vie pour une obole, mais, par une direction de Dieu, je me trouvai revêtu d'armes à l'épreuve. Et malgré cela, quoique je fusse armé si avantageusement, j'éprouvai combien il est difficile de combattre avec courage. Personne ne saurait exprimer ce qui se passe dans ce combat qui celui qui y a passé.

L'Espérant - Vous avez vu cependant qu'il ont fui dès qu'ils ont eu seulement le soupçon que Grande Grâce approchait.

Le Chrétien - Il est vrai, et il est souvent arrivé qu'eux et leur maître ont pris la fuite à l'approche de ce personnage. Ce qui n'est pas surprenant puisqu'il est de la compagnie du Roi. Mais vous mettez pourtant la différence entre un Faible en la foi et un champion du Roi. Tous les sujets du Roi ne sont pas aussi vaillants les uns que les autres; il est aisé de juger qu'un petit enfant ne pourrait l'effort d'un Goliath comme un David, ou qu'on ne doit pas chercher la force du taureau dans un roitelet. Il y a des forts et des faibles; les uns ont une grande foi, les autres une petite. Cet homme était du nombre des faibles, c'est pourquoi il fut si maltraité.

L'Espérant - J'aurais souhaité, pour l'amour de lui, que ses ennemis eussent eu Grande Grâce en tête.

Le Chrétien - Quand cela eût été, il aurait peut-être encore eu de la peine; car quoique Grande grâce soit incontestablement très habile à manier ses armes, toutefois, lorsque le Timide, le Méfiant, et quelques autres encore, peuvent avancer un peu, on ne les met pas si aisément en fuite. Or, quand un homme tient son ennemi sous ses pieds, vous savez ce qu'il peut en faire. Aussi, quand on regarde de près Grande Grâce, on découvre sur son visage divers coups et cicatrices qui sont des preuves bien convaincantes de ce que je dis. Et j'ai ouï raconté qu'étant une fois aux prises avec ses ennemis, il s'est écrié: "Nous avons été en grande perplexité, même de la vie: et même nous nous sommes vus comme si nous eussions en nous-mêmes la sentence de la mort".

2 Corinthiens 1 : 8 - Nous ne voulons pas, en effet, vous laisser ignorer, frères, au sujet de la tribulation qui nous est survenue en Asie, que nous avons été excessivement accablés, au delà de nos forces, de telle sorte que nous désespérions même de conserver la vie. [9] Et nous regardions comme certain notre arrêt de mort, afin de ne pas placer notre confiance en nous-mêmes, mais de la placer en Dieu, qui ressuscite les morts.

Quelles plaintes, quels soupirs ces mêmes ennemis n'ont-ils pas arrachés à Moïse, à David, à Ezéchias, quoiqu'ils aient été de leur temps des champions du Roi! Ah! Qu'ils devaient user de circonspection dans leur chemin, et se tenir sur leurs gardes lorsqu'ils étaient attaqués! Plusieurs même ne pouvaient s'empêcher d'en être abattus. C'est ce qui arriva, comme vous le savez, à l'apôtre Pierre.

Ajoutez à cela que le roi de ces brigands n'est jamais si loin qu'il ne puisse les entendre, et qu'il est toujours prêt à leur venir en aide au moindre signal. On pourrait dire de lui ce qui est dit à un autre sujet: "Qui s'en approchera avec l'épée? Elle ne pourra pas subsister devant lui, non plus que la hallebarde, le dard ou la cuirasse. Il ne redoute pas plus le fer que la paille, et l'airain que du bois pourri; la flèche ne le fera point fuir; les pierres de fronde ne lui sont pas plus que du chaume. Il tient les machines de guerre comme des brins de chaume, et il se moque lorsqu'on lance le javelot".

> *Job 34 : 23 - Dieu n'a pas besoin d'observer longtemps, Pour qu'un homme entre en jugement avec lui;*

Que faire quand on a de pareils ennemis? De pauvres combattant comme nous ne doivent jamais souhaiter une semblable rencontre, ni se vanter de mieux faire que les autres lorsque nous entendons dire qu'ils ont été battus. Ne nous glorifions jamais de notre valeur, puisque ce sont ceux à qui cela arrive qui se montrent ordinairement les plus faibles au temps de la tentation. C'est ce dont nous avons un exemple bien frappant dans Pierre, dont je viens de vous parler. Il se vantait de faire mieux que les autres, et sa vanité lui faisait croire qu'il aurait plus de fermeté au service de son Maître que tous les autres disciples. Mais qui n'a jamais été plus humilié, et qui n'a jamais fait une chute plus lourde que lui? C'est pourquoi, lorsque nous entendons parler de tels brigandages qui s'exercent sur le chemin royal, nous devons faire deux choses. Premièrement, bien nous armer avant de nous mettre en chemin, et surtout nous pourvoir d'un bouclier, car c'est par défaut d'un bouclier que la plupart de ceux qui sont vaincus se trouvent dans ce cas. L'ennemi ne nous craint plus du tout lorsque nous en sommes dépourvus. Voilà pourquoi un homme, qui entendait fort bien la manière de combattre dans ce combat, disait:

> *Ephésiens 6 : 16 - prenez par-dessus tout cela le bouclier de la foi, avec lequel vous pourrez éteindre tous les traits enflammés du malin;*

Une autre chose qui nous est nécessaire dans notre voyage, c'est d'implorer la protection du Roi, de le supplier qu'il lui plaise de nous y accompagner lui-même. C'est ce qui fit triompher David dans la vallée obscure. Et Moïse aurait mieux aimé mourir que de faire un pas plus avant sans son Dieu.

> *Exode 33 : 15 - Moïse lui dit : Si tu ne marches pas toi-même avec nous, ne nous fais point partir d'ici.*

O mon frère, lorsqu'il lui plaît de nous accompagner, devons-nous craindre nos ennemis; quand ils seraient au nombre de cent mille? (Psaume 3). Mais sans lui, les plus intrépides seront renversés.

Quant à moi, je me suis aussi trouvé ci-devant dans un pareil combat; et quoique, par la bonté de Dieu, je sois encore en vie, cependant je ne puis point me glorifier de ma bravoure, et je serais bien heureux si je suis exempt à l'avenir de pareils assauts. Mais je crains fort que nous n'ayons pas encore échappés à tous les dangers. Cependant, je dirai avec David, quoi qu'il puisse arriver, "comme Dieu m'a délivré de la griffe du lion et de la patte de l'ours, il me délivrera encore de tous ces Philistins incirconcis qui pourront se présenter".

Sur cela, le Chrétien se mit à chanter ces couplets.

Une foi débile et tremblante

Ne peut résister à l'effort
D'un ennemi cruel et fort,
On la voit bientôt chancelante
Dès que Satan et ses suppôts
Lui livrent les moindres assauts.

Mais un bouclier invincible
C'est la fermeté de la foi,
Qui ne subit jamais la loi
De l'ennemi le plus terrible.
En vain Satan et ses suppôts
Lui livrent leurs mortels assauts.
De nos plus terribles alarmes
Sachons, comme fit Israël,
Etre vainqueur de l'Eternel
Par nos prières et nos larmes;
Alors Satan et ses suppôts
Nous livrent en vain mille assauts.

30

MAURE VÊTU DE BLANC, L'ATHÉE, LE TERROIR ENCHANTÉ

L'âme séduite par satan transformé en ange de lumière. Pensées d'athéisme. Tentation au sommeil spirituel.

Ils poursuivaient ainsi leur voyage, et l'Ignorant les suivait. Enfin, ils arrivèrent dans un lieu où il y avait un sentier qui paraissait aussi droit que le chemin où ils avaient marché, de sorte qu'ils se trouvèrent fort embarrassés sur le choix qu'ils devaient faire, ce qui les engagea à s'arrêter un peu de temps pour délibérer sur le parti qu'ils auraient à prendre.

Pendant qu'ils se consultaient, il survint un homme qui avait la peau d'un Maure mais qui était couvert d'un vêtement de fine étoffe. Il leur demanda pourquoi ils étaient arrêtés là? A quoi ils répondirent qu'ils se rendaient à la cité céleste, mais qu'ils ne savaient trop quel chemin ils devaient choisir des deux qui se présentaient.

- Suivez-moi, répondit cet homme, le chemin droit est celui où je marche.

Ils le suivirent donc dans ce sentier qui était à côté du droit chemin. Mais plus ils marchaient, plus ils s'éloignaient du lieu où ils avaient dessein d'aller, tellement qu'en peu de temps ils perdirent la cité de vue. C'est alors qu'ils se trouvèrent enveloppés, sans y prendre garde, d'un filet où ils furent tellement serrés tous deux qu'ils ne savaient plus que devenir.

A cet instant l'habit blanc tomba de dessus les épaules de l'homme, et alors ils virent où ils étaient. Ils demeurèrent là quelques temps sans pouvoir seulement se débattre; alors ils s'abandonnèrent à d'amers gémissements.

- Ah! disait le Chrétien à son compagnon, je reconnais à présent mon égarement. Les Bergers ne nous avaient-ils pas avertis de nous garder du Séducteur? Maintenant nous éprouvons ce que dit le Sage:

Proverbes 29 : 5 - Un homme qui flatte son prochain Tend un filet sous ses pas.

- Ils nous avaient aussi donnés des instructions pour la route, dit l'Espérant, afin que nous ne pussions manquer le chemin, mais nous avons été des négligents. Ne fallait-il pas lire notre instruction et nous garder du Défilé du destructeur? David fut en cela beaucoup plus sage que nous, car il dit:

Psaumes 17 : 4 - A la vue des actions des hommes, fidèle à la parole de tes lèvres, Je me tiens en garde contre la voie des violents;

C'est ainsi qu'ils déploraient leur malheur, enveloppés dans ce filet. Enfin, ils aperçurent un homme habillé de blanc, et blanc lui-même, qui venait à eux avec un fouet de cordelettes en sa main. Lorsqu'il fut arrivé près d'eux il leur demanda ce qu'ils faisaient là.

- Nous sommes, répondirent-ils, de pauvres voyageurs qui allons à la montagne de Sion, mais nous avons été détournés du chemin par un séducteur qui nous a dit: "Suivez-moi, car j'y vais aussi".

Alors celui qui avait le fouet à la main leur dit: - C'était, en effet, un séducteur, un faux apôtre qui s'était transformé en ange de lumière.

2 Corinthiens 11 : 14 - Et cela n'est pas étonnant, puisque Satan lui-même se déguise en ange de lumière.

En même temps il rompit le filet et les mit en liberté, en leur disant: - Suivez-moi maintenant, afin que je vous remette dans le chemin.

Il les reconduisit ainsi dans le bon chemin, et leur demanda en même temps où ils avaient couché la dernière nuit.

Ils répondirent: - Chez les bergers, sur les aimables collines.

Il s'informa encore s'ils n'avaient pas été instruits par les bergers du droit chemin?

Ils répondirent que oui.

Ensuite il leur demanda si, lorsqu'ils s'étaient arrêtés, ils avaient mis la main dans leur sein pour en retirer leur instruction et la relire. Ils dirent que non. Sur quoi leur ayant demandé pourquoi ils ne l'avaient pas fait, ils dirent qu'ils l'avaient oublié.

Enfin, il leur demanda si les bergers ne les avaient pas avertis de se garder du Séducteur.

- Oui, répondirent-ils, mais nous ne pouvions nous imaginer que cet homme, qui usait de tant de flatteries et qui parlait si bien, fût un séducteur.

Là-dessus il leur infligea un châtiment sévère, pour leur apprendre par ce moyen à rester dans le droit chemin, et leur dit:

Apocalypse 3 : 19 - Moi, je reprends et je châtie tous ceux que j'aime. Aie donc du zèle, et repens-toi.

Ensuite il leur commanda de continuer leur route, et de considérer soigneusement les autres instructions que les bergers leur avaient données. Ils le remercièrent de la délivrance et même du châtiment qu'il leur avait accordé, et ils continuèrent à marcher doucement, en chantant ces paroles.

Prenez exemple ici, vous qui suivez les traces

Qui mènent en Sion;
Et voyez dans quelles disgrâces
Nous jette la séduction
Des esprits déguisés en anges de lumière
Qu'on rencontre dans sa carrière.

Une âme qui se perd hors de la droite voie
Va tomber dans un rets
Qui la fait devenir la proie
De mille sensibles regrets.
En vain, pour se tirer de sa chute imprudente,
Elle s'agite et se tourment.

Mais si dans ce malheur Dieu permet qu'elle tombe,
Ce n'est pas pour toujours.
Il ne veut pas qu'elle succombe:
Son Sauveur vient à son secours,
Et s'il exerce encore un châtiment sur elle,
C'est pour la rendre plus fidèle.

Après avoir un peu marché, ils virent de loin quelqu'un qui s'approchait tout doucement, et qui marchait tout seul à leur rencontre dans le chemin. Dès que le Chrétien le vit, il dit à son compagnon: - Je vois là un homme qui tourne le dos à Sion.

L'Espérant - Prenons maintenant bien garde que celui-ci ne soit un autre séducteur.

Cependant il s'approchait de plus en plus jusqu'à ce qu'ils se rencontrèrent, et le nom de cet homme était l'Athée. Il leur demanda où ils allaient.

- Nous allons, répondit le Chrétien, à la cité de Sion.

Alors l'Athée se mit à rire à gorge déployée (bien que son rire avait quelque chose de forcé).

Le Chrétien - Hé! Pourquoi riez-vous de la sorte?

- Je ris, leur répondit-il, de ce que vous êtes si simples d'esprit que d'entreprendre un voyage si pénible pour n'en avoir que de la peine.

Le Chrétien - Comment! Croyez-vous que nous ne puissions rien obtenir?

L'Athée - Qu'obtiendrez-vous? Il n'y a point de lieu dans ce monde tel que celui que vous vous figurez.

Le Chrétien - Il est vrai, mais bien dans le monde à venir.

L'Athée - Lorsque j'étais dans ma maison et dans mon pays, j'entendais souvent parler de cette cité. Là-dessus je me suis mis en chemin pour la voir une foi, et j'ai cherché cette cité pendant vingt ans, mais je ne l'ai pas vue davantage que le premier jour de mon voyage.

- Quant à nous, dit le Chrétien, nous avons ouï et nous avons cru que ce lieu existait réellement.

L'Athée - Si je ne l'avais pas d'abord cru comme vous, je ne serais pas venu si loin le chercher. Mais quoique je sois allé beaucoup plus avant que vous, je n'ai point trouvé de telle ville; c'est ce qui me fait croire que ce lieu est une chimère, et ce qui m'engage à rebrousser chemin et à chercher désormais mon contentement dans les choses que j'avais d'abord rejetées pour courir après ces biens imaginaires.

Le Chrétien, se tournant du côté de son compagnon, lui dit : - Ce que cet homme vient de dire serait-il véritable?

- Mais, répondit, l'Espérant, prenez garde que ce soit encore un séducteur, et souvenez-vous combien il nous en a coûté d'avoir prêté l'oreille à de pareils discours. N'y aurait-il point de montagne de Sion? N'avons-nous pas entrevu la porte du ciel depuis le sommet des aimables collines? Ne faut-il pas maintenant que nous cheminions par la foi? Passons donc outre de peur que l'homme qui tenait le fouet ne revienne. Vous devriez plutôt me faire cette leçon que j'ai ouïe de vous : "Mon fils, éloigne-toi des discours qui pourraient t'apprendre à désobéir aux leçons de la sagesse". N'écoutons point ces choses.

Le Chrétien - Je ne vous ai pas fait ma question comme si je doutais de la vérité de notre foi, mais je voulais seulement vous éprouver et mettre au jour les fruits de la vôtre. Car, quant à cet homme, je sais qu'il est aveuglé par le dieu de ce siècle.

2 Corinthiens 5 : 7 - car nous marchons par la foi et non par la vue,

Mais pour nous, continuons notre chemin puisque nous savons que nous avons cru à la vérité, et que ce n'est point un mensonge.

- Maintenant, dit l'Espérant, je me réjouis dans l'espérance de la gloire de Dieu.

Ainsi ils se séparèrent de cet homme, qui, se moquant d'eux, passa son chemin.

Je vis aussi dans mon songe qu'enfin les deux amis arrivèrent dans une contrée où l'air a la propriété de causer des vertiges et des assoupissements. L'Espérant s'y trouva tout particulièrement abattu et appesanti par le sommeil. Il disait au Chrétien : - Je commence à être si appesanti que j'ai de la peine à ouvrir les yeux. Couchons-nous un peu ici pour y dormir un moment.

Le Chrétien - Nullement, de peur que nous ne nous endormions pour toujours.

L'Espérant - Pourquoi, mon frère? Le sommeil est doux à ceux qui sont fatigués du travail. Si nous prenions un peu de repos, nous acquerrions de nouvelles forces.

Le Chrétien - Ne vous souvient-il pas que l'un des bergers nous exhorta à nous garder du Terroir enchanté? Sa pensée n'était autre, sinon que nous devions nous garder du sommeil.

1 Thessaloniciens 5 : 6 - Ne dormons donc point comme les autres, mais veillons et soyons sobres.

L'Espérant - Je me confesse coupable, et si j'eusse été seul ici, je serais tombé en danger de mort par mon sommeil. Maintenant je reconnais la vérité de ce dit le Sage : "Deux valent mieux qu'un". Jusqu'ici, votre compagnie m'a été bien utile.

Le Chrétien - Venez donc, mon frère, et prévenons le sommeil par quelque entretien édifiant.

L'Espérant - Je le veux de tout mon coeur.

Le Chrétien - Par où voulons-nous donc commencer?

L'Espérant - Par le récit de notre conversion.

Le Chrétien - J'y consens, mais permettez que je chante auparavant un cantique.

Une âme qui se sent pressée
D'un sommeil accablant au milieu du danger,

A besoin, pour s'en dégager,
D'un sage et bon ami qui la tienne éveillée.

Ainsi l'union des fidèles,
Dans ce temps de combat, est un des plus grand biens,
Par leurs mutuels entretiens
Ils peuvent éviter des blessures mortelles.

Ah! Que l'Eglise aurait de grâces;
Qu'elle ferait briller de vertus et d'attraits,
Si les enfants du Roi de paix
S'unissaient à l'envi pour marcher sur ses traces!

31

HISTOIRE DE LA CONVERSION DE L'ESPÉRANT

L'oeuvre de Dieu dans l'Homme pour l'amener à la conversion. Conviction du Péché. Inutilité des bonnes oeuvres pour nous rendre agréables à Dieu.

- **M**aintenant, je vous demande, continua le Chrétien, comment en êtes-vous venu à entreprendre le voyage que vous poursuivez à présent ?
L'Éspérant - J'ai vécu longtemps dans la recherche des choses visibles qui étaient exposées en vente dans notre foire, et qui m'auraient infailliblement précipité dans une perdition éternelle si je m'y fusse arrêté plus longtemps.
Le Chrétien - Quelles étaient donc ces choses ?
L'Éspérant - C'étaient les trésors et les richesses du monde. J'ai aussi pris plaisir à l'ivrognerie, à la gourmandise, au mensonge et à la corruption. Mais enfin, je remarquai, par l'ouïe et la méditation des choses divines que j'entendis, tant de votre bouche que de celle de notre cher frère le Fidèle (qui a été mis à mort dans la Foire de la vanité à cause de sa foi), que la fin de toutes ces choses est la mort,

Romains 6 : 21 - Quels fruits portiez-vous alors ? Des fruits dont vous rougissez aujourd'hui. Car la fin de ces choses, c'est la mort. 22 Mais maintenant, étant affranchis du péché et devenus esclaves de Dieu, vous avez pour fruit la sainteté et pour fin la vie éternelle. 23 Car le salaire du péché, c'est la mort; mais le don gratuit de Dieu, c'est la vie éternelle en Jésus-Christ notre Seigneur.

et qu'à cause d'elles la colère de Dieu vient sur les enfants de rébellion.

Éphésiens 5 : 6 - Que personne ne vous séduise par de vains discours; car c'est à cause de ces choses que la colère de Dieu vient sur les fils de la rébellion.

Le Chrétien - Mais cette conviction eut-elle assez de force pour vous retirer entièrement du péché ?

L'Ésperant - Nullement; je ne tardai pas à connaître la malice qui est cachée dans le péché, et la malédiction qui en est la suite; mais dans les premières agitations et dans les premières frayeurs que la Parole excitait en mon âme, je tâchais de fermer les yeux à cette lumière.

Le Chrétien - D'où vient que vous résistiez de la sorte aux premières opérations de l'Esprit de Dieu ?

L'Ésperant - Ma résistance provenait de plusieurs causes. Premièrement, j'ignorais que ce fût là une œuvre de Dieu en moi. Je n'aurais jamais pensé que Dieu eût commencé l'œuvre de la conversion du pécheur par la conviction de son péché. Deuxièmement, le péché était encore doux à ma chair, et je n'avais aucun penchant à le quitter. Troisièmement, Je ne savais comment faire pour rompre avec mes anciennes compagnies. Leurs conversations et leurs manières avaient encore pour moi quelque chose d'attrayant. Quatrièmement, les moments où je ressentais ces convictions m'étaient très fâcheux et insupportables, tellement que je ne voulais pas y passer.

Le Chrétien - Je crois pourtant que vous aviez quelque intervalle dans vos tristesses et dans votre agitation.

L'Ésperant - Il est vrai, mais elles revenaient avec la même violence et même toujours plus rudement.

Le Chrétien - Mais qui est-ce qui vous remettait ainsi vos péchés devant vos yeux ?

L'Ésperant - Plusieurs choses. Premièrement, lorsque je rencontrais un homme de bien dans les rues. Deuxièmement, lorsque j'entendais lire la Bible. Troisièmement, lorsque j'avais la plus petite indisposition, un mal de tête, etc. Quatrièmement, lorsqu'on me disait qu'un de mes voisins était tombé malade. Cinquièmement, lorsque j'entendais sonner les cloches pour un mort. Sixièmement, lorsque je pensais à ma fin. Septièmement, lorsque j'apprenais que quelqu'un était mort subitement. Huitièmement et principalement, lorsque je pensais en moi-même que bientôt je viendrais en jugement.

Le Chrétien - Pouviez-vous facilement éloigner de vous ce souvenir amer de vos péchés, lorsqu'il se présentait à vous à l'occasion d'une de ces choses ?

L'Ésperant - Non, car il s'attachait trop fortement à ma conscience, et lorsqu'il me venait seulement à la pensée de retourner à mes péchés précédents, c'était pour moi un double martyre. Le Chrétien - Comment donc vous y prîtes-vous ?

L'Ésperant - Il me semblait que je devais travailler à changer de vie, qu'autrement je serais certainement damné.

Le Chrétien - Mais fîtes-vous tous vos efforts pour exécuter ce projet ?

L'Ésperant - Oui, et non seulement je m'abstins de tous mes péchés précédents, mais je fuyais même la compagnie des pécheurs que j'avais fréquentés. Je m'adonnais à des occupations pieuses, telles que sont la prière, la lecture, la considération de mes péchés. Je pleurais sur mes fautes, je m'appliquais à parler en vérité avec tous mes alentours, et à d'autres choses semblables qu'il me serait trop long de réciter.

Le Chrétien - Ne vous imaginiez-vous pas alors d'être en bien bon état ?

L'Ésperant - Oui, mais cela ne dura pas longtemps, car enfin mes inquiétudes revinrent, même au sujet de mon amendement.

Le Chrétien - Comment cela se pouvait-il, s'il est vrai que vous vous fussiez amendé ?

L'Ésperant - Plusieurs choses me causaient ces inquiétudes, particulièrement certains passages des Écritures, tels que sont ceux-ci : « Toutes nos justices sont comme un vêtement souillé », « Personne ne sera justifié par les œuvres de la loi », « Quand vous aurez fait toutes les choses qui vous ont été commandées, dites : nous sommes des serviteurs inutiles, car nous avons fait ce que nous étions obligés de faire ».

Ésaïe 64 : 6 - Nous sommes tous comme des impurs, Et toute notre justice est comme un vêtement souillé; Nous sommes tous flétris comme une feuille, Et nos crimes nous emportent comme le vent.

Galates 2 : 16 - Néanmoins, sachant que ce n'est pas par les oeuvres de la loi que l'homme est justifié, mais par la foi en Jésus-Christ, nous aussi nous avons cru en Jésus-Christ, afin d'être justifiés par la foi en Christ et non par les oeuvres de la loi, parce que nulle chair ne sera justifiée par les oeuvres de la loi.

Luc 17 : 10 - Vous de même, quand vous avez fait tout ce qui vous a été ordonné, dites : Nous sommes des serviteurs inutiles, nous avons fait ce que nous devions faire.

et d'autres semblables, d'où je tirai ces conséquences : si toutes mes justices sont comme un vêtement souillé, si personne ne peut être justifié par les œuvres de la loi, si nous sommes des serviteurs inutiles, lors même que nous aurions fait tout ce que nous étions tenus de faire, c'est évidemment une folie de s'imaginer que j'aurai quelque part au ciel par mon obéissance à la loi. Je pensais encore en moi-même : si quelqu'un était débiteur de cent écus à un marchand et qu'il se bornât à lui payer exactement depuis un certain jour tout ce qu'il lui achèterait à partir de cette époque, cesserait-il pour cela d'être son débiteur pour les cent écus précédents ? Le marchand n'aurait-il pas toujours le droit de le poursuivre et même de le faire mettre en prison pour sa vieille dette jusqu'à ce qu'il l'eût payée ?

Le Chrétien - Comment vous appliquez-vous cela ?

L'Ésperant - Voici comment je raisonnais en moi-même. J'ai contracté une grosse dette par mes péchés sur les livres de Dieu, et mon amendement présent ne peut effacer cette obligation passée. Ainsi, il me reste toujours à chercher comme je pourrais être délivré de le condamnation que j'ai attirée sur moi par mes iniquités précédentes.

Le Chrétien - Voilà une bonne application, continuez cher ami.

L'Ésperant - Il y avait encore autre chose qui me travaillait, même après ma conversion; car lorsque j'observais un peu de près mes meilleures œuvres, j'y découvrais de nouveaux péchés qui se mêlaient à ce que je faisais de meilleur, de sorte que j'étais obligé de conclure que j'avais commis assez de péchés, même en pratiquant mes devoirs, pour mériter la condamnation, lors même que ma vie aurait été sans tache à d'autres égards.

Le Chrétien - Que fîtes-vous alors ?

L'Ésperant - Je ne savais plus que faire jusqu'à ce qu'enfin je fis part de l'angoisse de mon esprit au Fidèle, car nous étions très liés. Et il me dit que si je ne pouvais mettre en avant pour moi la justice d'un répondant qui n'eût jamais péché, je ne serais jamais à couvert du jugement, ni par ma propre justice, ni par celle de tous les hommes ensemble.

Le Chrétien - Crûtes-vous bien qu'il vous disait la vérité ?

L'Éspérant - S'il m'avait dit cela lorsque je m'applaudissais à moi-même et que j'étais si content de mon amendement, je l'aurais traité de fou pour le récompenser de toute la peine qu'il prenait. Mais, après avoir appris à connaître toutes mes faiblesses et les péchés qui étaient attachés à mes meilleures actions, j'ai compris et reçu avidement ce qu'il me dit à ce sujet.

Le Chrétien - Mais, lorsqu'il vous en parla pour la première fois, pouviez-vous bien vous imaginer qu'il pût se trouver, parmi les hommes, un homme dont on pût dire avec vérité qu'il n'a jamais commis de péché ?

L'Éspérant - Il faut que je vous avoue que cela me parut d'abord étrange; mais, après quelques conversations que j'eus encore avec lui, j'en demeurai pleinement convaincu.

Le Chrétien - Ne lui demandâtes-vous pas quel était cet homme et comment il pourrait se faire que sa justice vous fût imputée ?

L'Éspérant - Oui, et il me dit que cet homme était le Seigneur Jésus qui est assis à la droite de Dieu. Et voici, ajouta-t-il, comment vous devez être justifié par lui : c'est par la confiance en lui, en sa vie et en sa mort sur la croix. Je lui demandai encore comment il pouvait se faire que la justice d'un homme en pût justifier un autre devant Dieu. Il me répondit que nous ne pourrions résoudre cette question et beaucoup d'autres semblables que lorsque nous aurions résolu celle sur l'incarnation de Dieu, avec un homme dans la personne de Jésus Christ, mais que, sans rechercher curieusement toutes ces choses, nous pouvions espérer en cette parole du Sauveur : « Je me sanctifie moi-même pour eux ».

Jean 17 : 19 - Et je me sanctifie moi-même pour eux, afin qu'eux aussi soient sanctifiés par la vérité.

Le Chrétien - Eûtes-vous d'abord assez de confiance et de simplicité de cœur pour embrasser par la foi ces consolantes vérités ?

L'Éspérant - Je fis d'abord beaucoup d'objections, mais le Fidèle me recommanda de m'adresser, par la pensée, à Jésus Christ, ce Sauveur des hommes qui assurait le salut à tous ceux qui croyaient en lui, et de ne regarder qu'à lui. Je pensais que c'était une témérité, mais il m'assurait que non, car, disait-il, vous êtes appelé à venir à lui. Il me donna aussi un livre qui contenait plusieurs invitations de Jésus pour m'encourager à aller à lui avec plus de confiance, m'assurant qu'un seul point de ce livre était plus ferme que le ciel et la terre. Je lui demandai encore ce que je devais faire quand j'irais à lui ? Il répondit que je devais prier le Père de tout mon cœur, à genoux, pour qu'il voulût bien manifester son Fils en moi. « Vous le trouverez », me dit-il, « assis sur son trône de grâce, où il se tient pendant toute l'année pour absoudre tous ceux qui vont à lui pour obtenir miséricorde ». Je lui objectai encore que je ne savais pas ce que je devais dire. Il me répondit : « Dites seulement : O Dieu ! sois apaisé envers moi qui suis un grand pécheur, et donne-moi de connaître ton fils et de croire en lui, car je vois que sans sa justice et sans la foi en cette justice, je suis perdu sans ressource. Seigneur ! je crois que tu es un Dieu miséricordieux, et que tu as donné ton Fils Jésus Christ pour être le Sauveur du monde; que tu l'as donné pour sauver les pauvres pécheurs, dont je suis le premier ».

Le Chrétien - Fîtes-vous comme il vous l'avait commandé ?

L'Éspérant - Oui, vraiment, et non pas une fois ou deux, mais sans relâche.

Le Chrétien - Dieu vous donna-t-il aussitôt la clarté et l'assurance que vous lui demandiez ?

L'Éspérant - Non pas la première fois ni la seconde fois, ni la vingtième fois.

Le Chrétien - Que fîtes-vous donc ?

L'Éspérant - Je ne savais ce que je devais faire ?

Le Chrétien - Nous vous vint-il pas la pensée d'abandonner la prière ?

L'Éspérant - Oui, plus de cent fois.

Le Chrétien - D'où vient que vous ne le fîtes pas ?

L'Éspérant - Je crus que ce qui m'avait été dit était vrai, savoir que sans la justice de Christ, je ne pourrais jamais être sauvé.

C'est pourquoi je pensais en moi-même que, lors même que je cesserais de prier, je n'en mourrais pas moins, et que dans tous les cas j'aimerais bien mieux mourir devant le trône de grâce qu'autrement. Outre cela, je me souvins de ce passage : « Bien qu'il tarde, attends-le. Il viendra certainement, et ne tardera point ». Ainsi je persistai dans ma prière jusqu'à ce que le Père manifesta le Fils en moi.

Le Chrétien - Comment cela se fit-il ?

L'Éspérant - Je ne le vis pas de mes yeux corporels, mais des yeux de mon entendement, et cela se passa de cette manière.

J'étais un jour fort triste et plus triste même, ce me semble, que je ne l'avais été de toute ma vie. Cette tristesse m'était venue à la vue de la grandeur et de l'énormité de mes péchés.

Je ne voyais autre chose devant moi que l'enfer et la damnation éternelle. Alors il me sembla que le Seigneur Jésus venait du ciel vers moi et me disait : « Crois au Seigneur Jésus Christ, et tu seras sauvé ». Mais, Seigneur, lui dis-je, je suis un si grand pécheur ! A quoi il répondit : « Ma grâce te suffit ». Et comme je lui demandais : « Seigneur, qu'est-ce que la foi ? », je compris, par sa réponse : « Celui qui vient à moi n'aura plus faim, et celui qui croit en moi n'aura plus jamais soif », que croire et aller à lui est la même chose, et que celui qui va à Jésus Christ de cœur et par ses désirs pour être sauvé par lui croit véritablement en lui, et que par conséquent, il est sauvé.

Actes 16 : 30 - il les fit sortir, et dit : Seigneurs, que faut-il que je fasse pour être sauvé ? [31] Paul et Silas répondirent : Crois au Seigneur Jésus, et tu seras sauvé, toi et ta famille.

2 Corinthiens 12 : 9 - et il m'a dit : Ma grâce te suffit, car ma puissance s'accomplit dans la faiblesse. Je me glorifierai donc bien plus volontiers de mes faiblesses, afin que la puissance de Christ repose sur moi.

Jean 6 : 35 - Jésus leur dit : Je suis le pain de vie. Celui qui vient à moi n'aura jamais faim, et celui qui croit en moi n'aura jamais soif.

Alors mes yeux se remplirent de larmes, et je lui demandai en plus : « Seigneur, un aussi grand pécheur que je le suis peut-il bien être reçu de toi ? ». Et j'entendis ces paroles : « Je ne rejette point celui qui vient à moi ».

Jean 6 : 37 - Tous ceux que le Père me donne viendront à moi, et je ne mettrai pas dehors celui qui vient à moi;

Là-dessus, je lui demandai encore : « Mais, Seigneur, comment dois-je te considérer lorsque je viens à toi, afin que ma foi en toi soit puissamment affermie ? ». Il me dit : "Jésus Christ est venu au monde pour sauver les pécheurs.

1 Timothée 1 : 15 - C'est une parole certaine et entièrement digne d'être reçue, que Jésus-Christ est venu dans le monde pour sauver les pécheurs, dont je suis le premier.

Il est la fin de la loi pour être la justice de tout homme qui croit. Il a été livré pour nos offenses et il est ressuscité pour notre justification

Romains 4 : 23 - Mais ce n'est pas à cause de lui seul qu'il est écrit que cela lui fut imputé; 24 c'est encore à cause de nous, à qui cela sera imputé, à nous qui croyons en celui qui a ressuscité des morts Jésus notre Seigneur, 25 lequel a été livré pour nos offenses, et est ressuscité pour notre justification.

Il nous a aimés, et il nous a lavés de nos péchés par son sang.

Apocalypse 1 : 5 - et de la part de Jésus-Christ, le témoin fidèle, le premier-né des morts, et le prince des rois de la terre ! A celui qui nous aime, qui nous a délivrés de nos péchés par son sang,

Il est le médiateur entre Dieu et les hommes, toujours vivant et intercédant pour nous.

1 Timothée 2 : 5 - Car il y a un seul Dieu, et aussi un seul médiateur entre Dieu et les hommes, Jésus-Christ homme, 6 qui s'est donné lui-même en rançon pour tous.

De toutes ces choses, je tirai la conclusion que je devais chercher et voir toute ma justice en sa personne, et que je ne pouvais trouver satisfaction pour tous mes péchés qu'en son sang; que tout ce qu'il a fait en obéissant à la loi de son Père, et en se soumettant aux peines qu'elle inflige, il ne l'avait pas fait pour lui-même, mais pour les pécheurs repentants qui recourent à lui, qui l'embrassent et qui le suivent. Sur cela mon cœur se trouva rempli de joie, mes yeux furent baignés de larmes, et toutes les facultés de mon âme furent remplies d'un amour ardent pour le nom, pour le peuple et pour les voies de Jésus Christ.

Le Chrétien - C'était là vraiment une manifestation de Jésus à votre âme. Mais, je vous prie, dites-moi plus particulièrement quel effet cela produisit dans votre esprit ?

L'Éspérant - Cela me fit voir que tout le monde avec sa justice était néanmoins dans un état de damnation. Je compris encore que, puisque Dieu le Père est juste, il peut justifier d'une manière digne de lui le pécheur qui vient à lui. Cela me rendit fort confus de l'abomination de ma vie précédente, et je fus saisi de frayeur quand je réfléchis à mon ignorance passée; car jamais jusqu'alors je n'avais si bien compris et senti dans mon cœur la beauté et la douceur de Jésus Christ. Cela me fit aimer la sainteté de la vie, et me remplit d'un désir véhément de faire quelque chose à l'honneur et pour la gloire de Christ. En un mot, il me semblait que si j'avais mille vies, je les donnerais volontiers toutes pour l'amour du Seigneur Jésus.

32

CONTINUATION, AUTRE ENTRETIEN AVEC L'IGNORANT, JUSTIFICATION PAR LA FOI EN JÉSUS

Continuation du même sujet. Fausse manière dont plusieurs comprennent cette vérité fondamentale de la justification par la foi.

Là-dessus l'Espérant, s'étant tourné, entrevit l'Ignorant, qu'ils avaient laissé derrière, et dit au Chrétien: - Voyez combien ce jeune homme vient avant, sur la même route que nous!

Le Chrétien - Oui, oui, je le vois bien, mais il ne cherche pas notre compagnie.

L'Espérant - Et cependant je puis bien dire que s'il s'était attaché à nous, il n'aurait pas eu lieu de s'en repentir.

Le Chrétien - C'est vrai. Toutefois je ne crains pas de vous assurer qu'il est bien éloigné de cette pensée.

L'Espérant - Je le crois aussi, mais quoi qu'il en soit, nous voulons néanmoins l'attendre.

Lors donc qu'ils se furent approchés, le Chrétien dit à l'Ignorant: - Venez ici, mon ami, pourquoi demeurez-vous en arrière?

L'Ignorant - J'aime mieux marcher seul que dans une grande compagnie, à moins qu'elle ne me convienne bien.

Sur cela le Chrétien dit tout bas à l'Espérant: - Ne vous l'ai-je pas dit qu'il ne se soucie pas de notre compagnie? Cependant, cherchons encore à nous entretenir avec lui dans ce chemin solitaire.

Puis se tournant vers l'Ignorant: - Comment vous trouvez-vous maintenant? Lui dit-il. Quel est l'état de votre âme par rapport à Dieu?

L'Ignorant - J'espère que tout ira bien, car je suis rempli de bons mouvements qui m'occupent sans cesse, chemin faisant.

Le Chrétien - Quels sont ces bons mouvements, je vous prie? Donnez-nous-en quelque idée?

L'Ignorant - Je pense à Dieu et au ciel.

Le Chrétien - Plusieurs en font de même, qui cependant n'y parviendront jamais. L'âme du paresseux, dit le Sage, a beaucoup de désirs, mais elle n'obtient rien du tout.

L'Ignorant - Mais moi j'y pense, et je quitte tout pour l'amour de lui.

Le Chrétien - Ah! C'est ce dont je me permettrai encore de douter, car c'est une chose bien difficile que de tout abandonner. Oui, une chose plus difficile que la plupart ne se l'imaginent. Mais comment et par quel moyen avez-vous été conduit à abandonner ainsi toutes choses pour Dieu et le ciel?

L'Ignorant - Mon coeur me l'a dit ainsi.

Le Chrétien - Le Sage dit que celui qui se confie en son propre coeur est un fou.

Proverbes 28 : 26 - Celui qui a confiance dans son propre coeur est un insensé, Mais celui qui marche dans la sagesse sera sauvé.

L'Ignorant - Cela est dit d'un mauvais coeur, mais je crois que le mien est bon.

Le Chrétien -Comment pourriez-vous le montrer?

L'Ignorant - C'est qu'il me console par l'espérance du ciel.

Le Chrétien -Cela peut se faire par la tromperie du coeur même, car le coeur de l'homme peut lui suggérer des consolations par l'espérance de biens qu'il n'a aucun droit d'espérer.

L'Ignorant Mais ma vie répond à la disposition de mon coeur, c'est pourquoi mon espérance est bien fondée.

Le Chrétien - Qui vous dit cela?

L'Ignorant - C'est mon coeur qui me le dit.

Le Chrétien -Oui, votre coeur vous dit cela! C'est comme si vous disiez: demandez à mon compagnon si je suis un voleur! Si la Parole de Dieu ne vous rend témoignage là-dessus, tous les autres témoignages ne peuvent rien valoir.

L'Ignorant Mais un coeur qui a de bonnes pensées n'est-il pas un bon coeur? Et n'est-ce pas une bonne voie que celle qui s'accorde avec la loi de Dieu?

Le Chrétien -Oui, un coeur qui est rempli de bonnes pensées est un bon coeur, et une vie qui est conforme à la loi de Dieu est une bonne vie. Mais autre chose est d'avoir réellement une chose, et autre chose de s'imaginer seulement de l'avoir.

L'Ignorant - Qu'est-ce donc, je vous prie que vous entendez par de bonnes pensées et par une vie conforme à la loi de Dieu?

Le Chrétien - Les bonnes pensées sont celles qui sont conformes à la Parole de Dieu. Et il y en a différentes sortes: les unes nous regardent nous-mêmes, d'autres regardent Dieu, et d'autres encore regardent d'autres objets.

L'Ignorant - Quand est-ce donc que les pensées qui nous regardent nous-mêmes, par exemple, sont conformes à la Parole de Dieu?

Le Chrétien - Lorsque nous portons sur nous même le même jugement que porte la Parole de Dieu. Voici, par exemple, comme elle parle de l'homme dans son état naturel:

Romains 3 : 10 - selon qu'il est écrit : Il n'y a point de juste, Pas même un seul;

Genèse 6 : 12 - Dieu regarda la terre, et voici, elle était corrompue; car toute chair avait corrompu sa voie sur la terre.

Genèse 18 : 1 - L'Eternel lui apparut parmi les chênes de Mamré, comme il était assis à l'entrée de sa tente, pendant la chaleur du jour.

Or, c'est lorsque nous avons ces pensées et ces sentiments de nous-mêmes que nos pensées sont bonnes, et qu'elles sont conformes à la Parole de Dieu.

Le Chrétien - Je ne croirai jamais que mon coeur soit si mauvais!

Le Chrétien - C'est pour cela même que vous n'avez jamais eu, en toute votre vie, aucune bonne pensée. Mais permettez que je passe encore plus avant. Comme la Parole porte un jugement contre notre coeur, elle en porte aussi un contre nos voies. Elle dit que les voies des hommes sont des voies obliques.

Psaumes 125 : 5 - Mais ceux qui s'engagent dans des voies détournées, Que l'Eternel les détruise avec ceux qui font le mal ! Que la paix soit sur Israël !

Que leurs chemins sont des chemins détournés.

Proverbes 2 : 15 - Qui suivent des sentiers détournés, Et qui prennent des routes tortueuses;

Que l'homme, de sa nature, s'est égaré des voies de la justice, et qu'il ne les a point connues.

Romains 3 : 12 - Tous sont égarés, tous sont pervertis; Il n'en est aucun qui fasse le bien, Pas même un seul;

Or, quand un homme a ces mêmes pensées sur ses voies, et que ces pensées sont accompagnées d'un sentiment sincère et de l'humilité de coeur, alors il a de justes et bonnes pensées sur ses voies, parce que ses pensées s'accordent parfaitement avec le jugement de la Parole de Dieu.

L'Ignorant - Quelles sont donc les bonnes pensées par rapport à Dieu?

Le Chrétien - Toujours la même règle: lorsque nous avons sur ses perfections et sur ses attributs des idées conformes à ce que la Parole nous en dit; lorsque nous pensons, par exemple, que Dieu nous connaît mieux que nous ne nous connaissons nous-mêmes; lorsque nous disons qu'il démêle nos intentions les plus secrètes, et que notre coeur avec toutes ses profondeurs impénétrables, est toujours à découvert devant ses yeux; que toute notre justice n'est absolument qu'une souillure à ses yeux, et que, pour cette raison, nous sommes par nous-mêmes des objets de condamnation devant lui, surtout lorsque nous nous reposons sur nos bonnes dispositions, ou sur quoi que ce soit que nous croyons voir de bien en nous.

L'Ignorant - Pensez-vous donc que je sois si fou que de m'imaginer que Dieu ne voit pas plus loin que moi? Où que je veuille me justifier devant lui par mes bonnes oeuvres?

Le Chrétien - Quelles sont donc vos pensées là-dessus?

L'Ignorant Je pense que je dois croire en Jésus Christ pour être justifié par lui.

Le Chrétien - Comment pouvez-vous penser que vous devez croire en Jésus Christ, pendant que nous ne connaissez pas le besoin que vous avez de lui? Car n'ayant jamais reconnu ni senti votre corruption originelle et naturelle, vous êtes nécessairement du nombre de ceux qui n'ont jamais senti non plus la nécessité de la justice qui est en Christ.

L'Ignorant - Je crois cependant à toutes ces choses.

Le Chrétien - Mais comment les concevez-vous?

L'Ignorant - Je crois que Dieu me sauvera en considération de la manière dont j'aurai obéi à sa loi. Mais je pense que ce ne sera cependant qu'en vertu d'une bonté toute particulière par laquelle il voudra bien se contenter de mon obéissance imparfaite, ou, comme disent d'autres personnes, que si je suis justifié devant Dieu par mes oeuvres, c'est parce que Christ a rendu ces oeuvres agréables à son Père par son mérite.

Le Chrétien - Permettez-moi de répondre à cette profession de foi. Premièrement, il s'agit d'une foi imaginaire, qui ne se trouve nulle part dans la Parole de Dieu. Deuxièmement, c'est une foi fausse, parce que, malgré toutes vos explications, vous attribuez cependant à votre propre justice la justification qui appartient uniquement à la justice de Christ. Troisièmement, avec cette foi vous ne vous confiez point en Christ pour la justice de sa personne, mais pour celle de vos oeuvres, ce qui est faux. Quatrièmement, c'est par conséquent une foi trompeuse, une foi qui vous laissera sous la colère de Dieu, au jour du Tout-Puissant. Car la vraie foi salutaire consiste en ce que lorsque l'âme vient à sentir son état de perdition, elle à son unique recours à la justice de Christ. Et cette justice n'est pas un acte de la grâce de Dieu, par lequel il regarde votre mérite comme suffisant pour vous justifier, mais c'est l'obéissance personnelle que Jésus Christ a rendue à la loi, ce qu'il a fait et souffert pour notre compte; voilà la justice que la foi embrasse. Et lorsque l'âme s'enveloppe de ce manteau, et qu'elle se présente à Dieu dans cet état, c'est alors qu'il la reçoit en grâce et l'absout de toute condamnation.

L'Ignorant - Comment! Vous voudriez fonder notre confiance sur ce que Jésus a souffert dans sa personne? Cette pensée lâcherait bientôt la bride à nos convoitises, et nous donnerait la liberté de vivre à notre fantaisie, car qu'importe alors de quelle manière nous vivons, si nous pouvons être justifiés de tout par la justice de Christ, sous la seule condition que nous y croyions?

Le Chrétien - Vous montrez bien que vous êtes ignorant de fait comme de nom. Vous ignorez cette véritable efficace de la foi, qui touche le coeur et l'amène à Dieu en Christ, pour aimer son nom, ses voies et son peuple, et qui est bien loin de laisser le coeur dans l'état que vous imaginez.

L'Espérant - Demandez-lui si jamais Christ s'est manifesté à lui dans son âme.

L'Ignorant Comment! Etes-vous donc des gens à révélation? Je crois que tout ce que vous et vos confrères dites là-dessus n'est autre chose que le fruit de quelque enthousiasme.

L'Espérant - Mon ami, vous ne savez donc pas que Christ et son Evangile sont tellement cachés à la raison charnelle, qu'elle ne peut rien en saisir sans révélation; de sorte qu'il est impossible que personne les connaisse salutairement "si le Père ne les lui révèle"?

Matthieu 16 : 17 - Jésus, reprenant la parole, lui dit : Tu es heureux, Simon, fils de Jonas; car ce ne sont pas la chair et le sang qui t'ont révélé cela, mais c'est mon Père qui est dans les cieux.

L'Ignorant - C'est là votre foi, mais ce n'est pas la mienne? Je crois cependant la mienne aussi bonne que la vôtre, quoique je n'aie pas autant de rêveries en tête que vous.

Le Chrétien - Permettez-moi de dire encore un mot. Il ne vous est pas séant de parler de ces choses avec tant de mépris, car il est bien vrai, comme mon compagnon vous l'a dit, que nul ne peut connaître Jésus Christ à moins que le Père ne lui révèle.

Matthieu 11 : 27 - Toutes choses m'ont été données par mon Père, et personne ne connaît le Fils, si ce n'est le Père; personne non plus ne connaît le Père, si ce n'est le Fils et celui à qui le Fils veut le révéler.

Aussi faut-il que la foi par laquelle une âme embrasse Jésus Christ, pour être bonne, soit opérée par l'excellente grandeur de sa puissance et de sa force.

Ephésiens 1 : 18 - et qu'il illumine les yeux de votre coeur, pour que vous sachiez quelle est l'espérance qui s'attache à son appel, quelle est la richesse de la gloire de son héritage qu'il réserve aux saints, ¹⁹ et quelle est envers nous qui croyons l'infinie grandeur de sa puissance, se manifestant avec efficacité par la vertu de sa force.

Ainsi, je vois clairement que vous ignorez absolument l'efficace de la foi. Réveillez-vous donc et reconnaissez votre corruption et votre misère. Recourez humblement au Seigneur Jésus, et alors vous serez délivré de la condamnation par sa justice, qui est la justice de Dieu, puisqu'il est lui-même le vrai Dieu et la vie éternelle.

2 Corinthiens 5 : 21 - Celui qui n'a point connu le péché, il l'a fait devenir péché pour nous, afin que nous devenions en lui justice de Dieu.

Jean 5 : 20 - Car le Père aime le Fils, et lui montre tout ce qu'il fait; et il lui montrera des oeuvres plus grandes que celles-ci, afin que vous soyez dans l'étonnement.

L'Ignorant - Vous courez d'une telle force que je puis vous suivre. Ainsi il vaut mieux que vous passiez devant, et, pour moi, je vous suivrai tout doucement.
Le Chrétien -Comment voulez-vous être assez insensé pour mépriser de bons conseils qu'on vous a donnés si souvent? Vous éprouverez bientôt le mal qui vous arrivera. Réfléchissez-y encore pendant qu'il en est temps, et profitez de cet avis. Mais si vous voulez persister à rejeter ces choses, je vous déclare que vous en porterez seul la peine.
- Venez, mon cher Espérant, ajouta le Chrétien en se tournant ver son compagnon, je vois bien qu'il faut que vous et moi continuions ensemble notre voyage.

33

CONVERSATION SUR LA CRAINTE DE DIEU ET CEUX QUI ABANDONNENT LA FOI

Caractères de la vraie crainte de Dieu. Réflexions sur ceux qui abandonnent la foi, après avoir paru disposés à l'embrasser.

Ils devancèrent donc d'assez loin l'Ignorant, qui les suivit en sautillant, et le Chrétien dit à son ami: - Je déplore l'état de ce pauvre aveugle, il s'en trouvera bien mal à la fin.

L'Espérant - Ah! Qu'il y en a un grand nombre dans notre ville qui sont de la même sorte! On peut y compter des maisons et des rues entières qui sont remplies de semblables gens, qui espèrent tous cependant de parvenir infailliblement à la cité céleste.

Le Chrétien - La chose est telle, en effet, comme le dit la Parole:

Esaïe 6 : 10 - Rends insensible le coeur de ce peuple, Endurcis ses oreilles, et bouche-lui les yeux, Pour qu'il ne voie point de ses yeux, n'entende point de ses oreilles, Ne comprenne point de son coeur, Ne se convertisse point et ne soit point guéri.

Mais maintenant que nous sommes seuls, dites-moi, je vous prie, que pensez-vous de pareilles gens? Croyez-vous qu'ils n'aient jamais eu aucun sentiment de salutaire frayeur à la pensée du danger qu'ils courent?

L'Espérant - Non, mais répondez vous-même à cette question. Vous êtes mon aîné.

Le Chrétien - Eh bien! Je le veux bien. Je dis qu'à cause de leur ignorance ils ne comprennent pas que ces convictions intérieures tendent à leur bien. C'est pourquoi ils font effort afin de les étouffer, et ils persistent avec témérité à se flatter eux-mêmes dans les voies de leur propre coeur.

L'Espérant - Je crois aussi, comme vous venez de le dire, que la crainte est fort salutaire aux hommes, puisqu'elle peut les disposer à se mettre en chemin.

Le Chrétien - Sans doute elle le fait, pourvu que ce soit la véritable crainte, car nous lisons que:

Proverbes 1 : 7 - La crainte de l'Eternel est le commencement de la science; les insensés méprisent la sagesse et l'instruction.

L'Espérant -Comment décrivez-vous la véritable crainte?

Le Chrétien - La crainte véritable et salutaire se connaît à trois caractères. Premièrement, elle procède d'une forte conviction du péché. Deuxièmement, elle pousse l'âme à embrasser le Sauveur Jésus Christ. Troisièmement, elle la réveille et y entretient un profond respect pour Dieu, pour sa Parole et pour ses voies. Elle rend l'âme fort délicate, et la met dans une sainte sollicitude d'offenser Dieu par quelque démarche qui pourrait le déshonorer et altérer sa propre paix, contrister le Saint Esprit et inciter l'ennemi à la blasphémer.

L'Espérant - C'est bien dit, je vois que c'est la vérité ... Mais, à propos, nous avons bientôt passé le terroir enchanté? Qu'en pensez-vous?

Le Chrétien - Nous n'avons plus que deux heures à y marcher, mais revenons à notre sujet. Les ignorants ne savent pas que le sentiment du péché et la crainte tendent à leur plus grand bien. C'est pourquoi ils cherchent à étouffer ces mouvements.

L'Espérant - Et comment s'y prennent-ils, je vous prie?

Le Chrétien - Ils se persuadent que c'est le diable qui produit en eux cette crainte, bien que dans la vérité ce soit une opération divine, et, dans cette pensée, ils tâchent d'y résister comme à une chose qui tend directement à leur perte. Ils s'imaginent que cette crainte tend à affaiblir leur foi et même à l'anéantir (quoiqu'il n'y ait encore aucune foi en eux). C'est pourquoi ils endurcissent leur coeur contre cette crainte. Et comme elle les tire de la fausse paix où ils aiment à se bercer et qu'elle la bannit de leur esprit, ils sentent que cette même crainte est une des preuves de leur misère, et qu'elle leur ravit la bonne idée qu'ils ont de leur sainteté. De là vient encore qu'ils font tous leurs efforts pour lui résister.

L'Espérant - Je sais quelque chose de cet état par moi-même, car, avant que je ne me connusse bien, il en était de même pour moi.

Le Chrétien - Laissons maintenant aller notre Ignorant, et proposons-nous un autre sujet utile. N'avez-vous point connu, il y a quelques années, un Temporaire qui était dans notre pays? C'était alors un homme fort zélé dans sa religion.

L'Espérant - Comment ne l'aurais-je pas connu? Il demeurait dans la ville Privée de grâce, près de l'Apparence et de la porte de la Révolte.

Le Chrétien - C'est cela. C'est homme était fort agité dans un temps; je crois qu'il avait eu quelque sentiment de ses péchés, et de la peine qu'il avait méritée par là.

L'Espérant -J'ai eu la même pensée que vous; car, comme sa maison n'était éloignée de la mienne que de quelques lieues, il venait me voir quelquefois, et toujours les larmes aux yeux. En vérité, je m'intéressais vivement à lui; car il n'était pas encore entièrement hors d'espérance; mais on peut reconnaître par là que tous ceux qui crient "Seigneur, Seigneur!" ne sont pas encore tels qu'ils paraissent.

Le Chrétien - Il me témoigna une fois le désir de se mettre en chemin, mais il fait tout d'un coup connaissance avec un homme nommé Conserve-toi toi-même, et alors il se sépara entièrement de moi.

L'Espérant - Puisque nous en sommes ainsi venus à parler de lui, examinons un peu quelle peut être la cause d'une révolte si subite.

Le Chrétien - Cela pourra nous être fort utile, mais il faut que vous commenciez cette fois.

L'Espérant - Je le veux bien, et je vous dirai que, selon mon jugement, cela procède de ces quatre causes. Premièrement, quoique la conscience de ces hommes soit réveillée, cependant leur coeur n'est pas encore changé. C'est pourquoi, lorsque le sentiment du péché diminue tant soit peu en eux, tout ce qui leur inspirait quelque crainte de Dieu s'évanouit aussi, et ils retournent absolument à leurs voies naturelles, à peu près comme un chien qui, étant devenu malade, pour avoir mangé quelque chose, rejette tout pendant que le mal le presse; ce qu'il ne fait plus quand le mal est passé, et que son estomac est rétabli. Alors, il n'a plus de dédain pour ce qu'il a vomi, mais il retourne et le mange de nouveau; tant est véritable ce qui est écrit:

2 Pierre 2 : 22 - Il leur est arrivé ce que dit un proverbe vrai : le chien est retourné à ce qu'il avait vomi, et la truie lavée s'est vautrée dans le bourbier.

Je dis donc que les Temporaires ont de l'ardeur pour le ciel, mais cette ardeur ne procède que d'un zèle passager ou que de la crainte des flammes de l'enfer. Aussitôt que ces dispositions se sont ralenties et que la crainte de la condamnation est un peu calmée, leur désir pour le ciel et pour le salut se refroidit. Et, lorsque le sentiment du péché et la crainte s'évanouissent absolument, leur désir pour le ciel revient à rien. Deuxièmement, on peut en alléguer une seconde raison: c'est qu'ils ont en eux une mauvaise crainte qui les surmonte, savoir, la crainte des hommes. Je dis qu'elle est mauvaise, car la crainte qu'on a de l'homme fait tomber dans le piège (Proverbes 29:25). Ainsi, quoiqu'ils paraissent avoir de l'ardeur pour le ciel pendant quelque temps, cependant ils se ravisent, et disent en eux-mêmes qu'il vaut mieux être un peu circonspect et ne pas s'exposer au danger de tout perdre et de tomber dans une misère inutile et inévitable; et ainsi ils rentrent dans le monde. Troisièmement, l'opprobre qui accompagne la piété leur est souvent un grand scandale et une pierre d'achoppement. Ils sont remplis d'orgueil et d'ambition, et la dévotion est trop vile et méprisable à leurs yeux. C'est pourquoi, dès que la vivacité de certains motifs et surtout de la crainte de l'enfer est diminuée, vous les voyez rentrer incessamment dans leurs premières voies. Quatrièmement, la pensée de leurs péchés et le souvenir de leurs frayeurs leur sont insupportables. Ils ne se plaisent pas à penser à leur misère. C'est pourquoi, lorsqu'ils sont une fois délivrés de ces pensées, ils s'en font une vive joie, ils tombent dans l'endurcissement, et ils choisissent les voies qui les endurcissent le plus.

Le Chrétien - Vous avez raison, car le fondement de tout cela est que leur esprit et leur volonté ne sont pas convertis. C'est pourquoi ils sont semblables à ces criminels qui, étant devant le juge, tremblent et frémissent, de manière que l'on pourrait croire qu'ils sont repentants. Mais le principe de leur douleur est la crainte du bourreau, et non l'horreur de leur crime. Cela paraît évident en ce que, dès qu'ils peuvent être mis en liberté, ils retournent à leur méchante vie; au lieu que, si leur esprit était changé, ils changeraient aussi de conduite.

L'Espérant - Maintenant je vous ai montré les causes de leur révolte; apprenez-moi aussi, je vous prie, de quelle manière elle arrive.

Le Chrétien - Très volontiers. Premièrement, ils font tout ce qu'ils peuvent pour détourner leurs pensées de Dieu, de la mort et du jugement à venir. Ensuite, ils délaissent peu à peu les devoirs intérieurs, tels que sont la prière, la mortification de leurs convoitises, la vigilance, la tristesse du péché, et autres choses semblables. Troisièmement, ils s'éloignent aussi de la compagnie de ceux qui ont la véritable vie, c'est-à-dire des vrais chrétiens. Quatrièmement, ils tombent ensuite dans la tiédeur, même à l'égard des exercices publics, de l'écoute et de la lecture de la Parole de Dieu et des entretiens pieux. Cinquièmement, ils commencent à éplucher les défauts des gens de bien, et cela d'une manière diabolique pour donner quelque couleur à leur négligence et au mépris qu'ils commencent à faire à la piété, accusant la religion d'être une chose de peu d'efficace et se fondant sur l'expérience qu'ils en ont faite dans certaines occasions. Sixièmement, alors ils en viennent insensiblement à s'attacher à des hommes charnels et libertins et à fréquenter leur société. Septièmement, après cela, ils se donnent la liberté de s'entretenir de choses mauvaises, et se réjouissent lorsqu'ils peuvent reconnaître quelque chose de pareil dans quelques-uns de ceux qui passent pour honnêtes et pour vertueux, car leur exemple les affermit dans le libertinage. Huitièmement, ils se donnent ouvertement la liberté d'être et de se divertir avec les méchants. Et finalement, lorsqu'ils se sont endurcis, ils se montrent entièrement tels qu'ils sont; et, après s'être rembarqués dans le monde, ils tombent enfin par leur propre faute dans la perdition éternelle, si la grâce ne fait un miracle pour les en retirer.

34

BELLE CONTRÉE, AVANT-GOÛTS DU CIEL, PASSAGE DU GRAND FLEUVE

Heureux avant-coureurs de la félicité à venir. La mort.

Ici, je remarquai que les voyageurs, ayant traversé le terroir enchanté, arrivèrent dans une contrée nommée Mon bon plaisir en toi.

Esaïe 62 : 4 - On ne te nommera plus délaissée, On ne nommera plus ta terre désolation; Mais on t'appellera mon plaisir en elle, Et l'on appellera ta terre épouse; Car l'Eternel met son plaisir en toi, Et ta terre aura un époux.

C'est un pays où l'air est fort serein et fort doux. Et, parce que c'était leur chemin, ils s'y arrêtèrent quelque temps pour s'y recréer et s'y rafraîchir. Ils entendirent sans interruption le chant des oiseaux. Chaque jour, ils voyaient sortir les fleurs de la terre et ils entendaient des son délicieux. Dans ce climat, le soleil luit nuit et jour, car le pays est situé à l'opposite de la vallée obscure et bien loin du géant Désespoir.

Ils avaient même entièrement perdu de vue le château du Doute, car ils se trouvaient en vue de la cité céleste. Ils rencontrèrent même déjà quelques-uns de ses habitants, car les Esprit célestes y viennent beaucoup, parce que c'est là la frontière du ciel, et c'est ici que se renouvellent les promesses entre l'époux et l'épouse. Oui, c'est ici que:

Esaïe 62 : 5 - Comme un jeune homme s'unit à une vierge, Ainsi tes fils s'uniront à toi; Et comme la fiancée fait la joie de son fiancé, Ainsi tu feras la joie de ton Dieu.

Ici, ils n'avaient déjà aucune disette de froment ni de moût, car ils trouvaient en grande abondance ce qu'ils avaient cherché avec anxiété pendant tout leur voyage.

Ils entendirent aussi cette voix éclatante qui parlait de la cité:

Esaïe 62 : 12 - On les appellera peuple saint, Rachetés de l'Eternel; Et toi, on t'appellera recherchée, ville non délaissée.

Ils eurent donc, en marchant dans ce pays, infiniment plus de joie qu'ils n'en avaient eu pendant tout leur voyage, et, à mesure qu'ils approchaient plus de la ville, ils la voyaient plus distinctement. Et la gloire de cette cité était si grande que le Chrétien devint malade d'impatience d'y arriver.

Romains 8 : 19 - Aussi la création attend-elle avec un ardent désir la révélation des fils de Dieu. [20] Car la création a été soumise à la vanité, -non de son gré, mais à cause de celui qui l'y a soumise, avec l'espérance [21] qu'elle aussi sera affranchie de la servitude de la corruption, pour avoir part à la liberté de la gloire des enfants de Dieu. [22] Or, nous savons que, jusqu'à ce jour, la création tout entière soupire et souffre les douleurs de l'enfantement.

L'Espérant eut aussi quelques atteintes de la même maladie, ce qui les obligea à se reposer un moment, en s'écriant avec quelque douleur:

Cantique des cantiques 2 : 5 - Soutenez-moi avec des gâteaux de raisins, Fortifiez-moi avec des pommes; Car je suis malade d'amour.

Cantique des cantiques 5 : 8 - Je vous en conjure, filles de Jérusalem, Si vous trouvez mon bien-aimé, Que lui direz-vous ?... Que je suis malade d'amour. -

Mais après avoir pris un peu de repos et de force, ils continuèrent leur chemin en s'approchant toujours plus de la cité. Il y avait aussi sur leur route des jardins dont les portes étaient ouvertes; quelques-uns des jardiniers étaient sur le chemin. Les voyageurs leur demandèrent à qui appartenaient ces beaux vignobles et ces délicieux jardins.

- Ils appartiennent au Roi, répondirent-ils, et ils sont plantés tant pour son propre plaisir que pour le rafraîchissement des voyageurs.

Et en même temps les jardiniers les conduisirent dans les vignes, et les invitèrent à y prendre quelques rafraîchissements et à user de tout ce qui s'y trouvait. Ils leur montrèrent aussi les allées de plaisance du Roi, les cabinets et les loges où il prend plaisir d'habiter. Les voyageurs trouvèrent ce lieu si beau qu'ils s'y arrêtèrent et s'y couchèrent pour y reposer.

J'aperçus aussi qu'ils parlèrent pendant leur sommeil beaucoup plus qu'ils n'avaient fait pendant tout le voyage. Et comme je m'en étonnais, l'un des jardiniers me dit: - Pourquoi en êtes-vous si surpris? C'est la nature de ce cep; son suc s'introduit avec une telle force qu'il fait parler même ceux qui dorment.

A leur réveil, je vis qu'ils se tournèrent du côté de la cité céleste; mais, comme il a été dit, la réverbération des rayons du soleil sur la cité, qui était toute d'or, la rendait si éclatante qu'ils n'étaient pas encore capables d'en supporter l'éclat avec les yeux découverts. Mais il fallut qu'ils missent devant les yeux un verre obscur.

Apocalypse 21 : 18 - La muraille était construite en jaspe, et la ville était d'or pur, semblable à du verre pur.

1 Corinthiens 13 : 12 - Aujourd'hui nous voyons au moyen d'un miroir, d'une manière obscure, mais alors nous verrons face à face; aujourd'hui je connais en partie, mais alors je connaîtrai comme j'ai été connu.

Comme ils continuaient leur chemin, ils rencontrèrent deux hommes dont les habits brillaient comme de l'or, et leurs faces resplendissaient comme la lumière. Ces hommes leur demandèrent quelques détails sur leur voyage, sur les peines et les consolations qu'ils avaient eues. Les voyageurs répondirent pertinemment à toutes ces choses. Alors les deux hommes leur dirent: - Vous avez encore deux difficultés à surmonter, après quoi vous serez dans la cité.

Le Chrétien et son compagnon leur demandèrent s'ils voudraient bien leur faire compagnie. Ils répondirent que oui, mais qu'il fallait qu'ils entrassent par leur propre foi. Sur cela, ils marchèrent ensemble, et enfin ils arrivèrent à la vue de la porte.

Or, je vis entre eux et la porte un grand fleuve sur lequel il n'y avait point de pont, et le fleuve était profond. La vue de ce fleuve mit nos voyageurs dans une peine extrême, mais ceux qui les accompagnaient leur dirent qu'il fallait de tout nécessité passer ce fleuve s'ils voulaient avoir entrée dans la cité royale. Ils demandèrent s'il n'y avait donc point d'autre chemin pour y entrer. Mais ces hommes leur rappelèrent que jamais personne depuis le commencement du monde, n'avait eu le privilège d'y entrer par un autre chemin, à la réserve de deux hommes, Enoch et Elie, et que nul aussi ne l'aurait jusqu'à ce que la dernière trompette sonne. A ces paroles, le coeur commença à manquer aux pèlerins, surtout au Chrétien. Et ils se mirent à regarder de côté et d'autre pour chercher quelques secours. Mais, quoi qu'ils fissent, ils ne purent concevoir aucune espérance d'être dispensés de passer dans le fleuve. Alors ils demandèrent à ces hommes si le fleuve était également profond partout.

- Non, répondirent-ils, mais cela ne peut vous servir de rien, car vous le trouverez plus ou moins profond à proportion de la confiance que vous aurez au Roi.

Là-dessus, ils se jetèrent dans l'eau. Le Chrétien commença aussitôt à s'enfoncer, et il se mit à crier à son bon ami l'Espérant: - Je m'enfonce dans cette eau profonde, toutes ses vagues passent sur ma tête, tous ses flots me couvrent.

L'Espérant - Prenez courage, mon frère, je trouve le fond; il est très bon.

Le Chrétien - Hélas! Les angoisses de la mort m'ont environné. Je ne verrai point le pays découlant de lait et de miel!

En disant cela, le Chrétien fut saisi d'une si grande frayeur et environné de ténèbres si épaisses qu'il ne voyait plus rien. Son esprit fut si troublé qu'il ne pouvait plus rien penser ni de dire de suivi, ni réfléchir sur les jouissances et les assurances qu'il avait eues pendant son voyage. Tout ce qu'il disait faisait connaître le trouble et la frayeur où il était. Croyant périr dans le fleuve et désespérant de parvenir à la porte du ciel, il s'arrêta tout court. Et, autant que je pus l'apercevoir, il s'abandonna à beaucoup de tristes pensées et affligeantes, repassant dans son esprit tous ses péchés, tant ceux qu'il avait commis avant de se mettre en voyage que ceux où il était tombé depuis. Mais ce qui augmentait ses frayeurs et ses alarmes, c'étaient les assauts que lui livraient les esprits malins, et qu'il avait mille peines à soutenir, comme il était facile de le remarquer à ses discours entrecoupés. Tout cela lui abattait si fortement le courage, qu'il semblait parfois être emporté au fond de l'eau, d'où il revenait ensuite un peu au-dessus à demi-mort. Cependant l'Espérant ne le quittait point. Il tâchait de lui soutenir la tête pour l'empêcher de périr, et de le fortifier par les consolations qu'il lui adressait: - Prenez courage, lui disait-il, mon cher frère, j'aperçois déjà la porte de la cité et des personnes qui nous attendent et se disposent à nous recevoir.

- Ah! répondit le Chrétien, c'est vous qu'ils attendent! Vous avez été l'Espérant depuis que je vous connais.

- Et vous aussi, dit l'Espérant.

- Ah! Mon frère, reprit le Chrétien, si j'étais entièrement devant Dieu, il viendrait certainement à mon secours, mais maintenant il m'a mis dans les liens à cause de mes péchés, et il me laisse ici sans secours.

- Mon frère, dit l'Espérant, vous avez oublié le passage qui parle des impies:

Psaumes 73 : 4 - Rien ne les tourmente jusqu'à leur mort, Et leur corps est chargé d'embonpoint; ⁵ Ils n'ont aucune part aux souffrances humaines, Ils ne sont point frappés comme le reste des hommes.

L'angoisse où vous êtes n'est point une marque que Dieu vous ait abandonnée, mais elle vous est simplement dispensée pour éprouver votre foi et pour voir si vous lui serez fidèle au milieu de votre tourment et de votre tristesse. Courage donc, mon frère, la Seigneur Jésus vous fortifie dans cet instant.

Le Chrétien demeura un peu pensif et ensuite il s'écria à haute voix: - Ah! Je le revois et il m'assure qu'encore que je passe par les eaux, il sera avec moi et le fleuve ne m'emportera point.

Esaïe 43 : 2 - Si tu traverses les eaux, je serai avec toi; Et les fleuves, ils ne te submergeront point; Si tu marches dans le feu, tu ne te brûleras pas, Et la flamme ne t'embrasera pas.

C'est ainsi que le Chrétien, ayant repris courage, trouva le fond pour se tenir ferme aussi bien que l'Espérant. Et ils sentirent que, plus ils avançaient, plus le fleuve était facile à passer. Et, après avoir laissé dans l'eau les habits de mortalité qu'ils avaient portés jusque là, ils arrivèrent enfin à l'autre bord, où ils revirent ces deux hommes revêtus d'habits resplendissants qui les attendaient là et qui les reçurent en leur disant:

Hébreux 1 : 14 - Ne sont-ils pas tous des esprits au service de Dieu, envoyés pour exercer un ministère en faveur de ceux qui doivent hériter du salut ?

C'est ainsi qu'ils marchèrent ensemble vers la porte.

Or, il est à remarquer que la ville est située sur une montagne fort haute et au-dessus des nues, ce qui n'empêcha pas que nos voyageurs n'y montassent fort aisément, aidés de ces deux hommes qui les conduisaient par le bras.

35

ENTRÉE DANS LES CIEUX

Qui pourrait exprimer la consolation et la joie dont ils étaient remplis lorsqu'ils venaient à réfléchir aux dangers auxquels ils venaient d'échapper, au fleuve périlleux qu'ils avaient heureusement traversé, à l'illustre compagnie qui les escortait et à la gloire qui les attendait dans la cité céleste? C'est dans ces transports de joie et d'allégresse qu'ils traversèrent les régions de l'air, en s'entretenant ensemble des objets les plus ravissants; leur conversation roulait uniquement sur la gloire de la ville royale.

- Oui, disaient les Rayonnants aux voyageurs, elle est inexprimable et incompréhensible, car nous voici maintenant parvenus à la montagne de Sion, à le cité du Dieu vivant, à la Jérusalem céleste et aux milliers d'anges, à l'assemblée et à l'Eglise des premiers-nés qui sont écrits dans les cieux, à Dieu qui est le juge de tous, aux esprits des justes sanctifiés et à Jésus, le Médiateur de la nouvelle alliance. Maintenant, ajoutaient-ils, vous allez entrer dans le paradis de Dieu, où vous serez pleinement rassasiés de ses fruits incorruptibles. Vous y serez d'abord revêtus d'habits resplendissants. Vous aurez le bonheur de contempler de vos yeux la majesté du Roi, de vous entretenir sans cesse avec lui et d'avoir part à sa gloire éternelle. Vous n'y verrez plus ces choses que vous avez vues dans ces basses cabanes de la terre: la tristesse, les maladies, l'opposition et la mort, car toutes ces choses sont passées. Maintenant vous allez être avec Abraham, Isaac et Jacob, avec les prophètes, les apôtres et les fidèles serviteurs de Dieu que Dieu a retirés de tout mal et qui ont cheminé droitement devant lui, qui sont entrés dans la paix et qui reposent dans leurs couches.

Esaïe 57 : 2 - Il entrera dans la paix, Il reposera sur sa couche, Celui qui aura suivi le droit chemin.

Les voyageurs demandèrent: - Que ferons-nous donc dans ce saint lieu?
- Vous y recevrez, reprirent-ils, la récompense de tous vos travaux et la joie au lieu de la tristesse.

Galates 6 : 7 - Ne vous y trompez pas : on ne se moque pas de Dieu. Ce qu'un homme aura semé, il le moissonnera aussi.

Là vous moissonnerez ce que vous avez semé, savoir, le fruit de vos prières, de vos larmes, et de toutes les souffrances que vous avez endurées dans votre voyage pour l'amour du Roi. Là vous porterez des couronnes d'or et vous jouirez continuellement de la présence du Saint des saints, car vous le verrez tel qu'il est. Là vous servirez sans cesse par vos louanges, par des cantiques et par des actions de grâces continuelles, Celui que vous avez servi si volontiers pendant votre vie dans le monde, quoique avec beaucoup de peine à cause de la faiblesse de votre chair. Là vos yeux seront réjouis de voir le Tout-Puissant. Vous retrouverez dans la suite, avec une joie indicible, ceux de vos amis qui vous suivront dans le lieu saint. Vous serez revêtus de gloire et de majesté, tout prêts à suivre le Seigneur de gloire quand il viendra au son de la trompette, porté sur les ailes du vent, et à descendre avec lui; et, lorsqu'il s'assiéra sur le trône de sa justice, vous serez auprès de lui comme des assesseurs de sa personne divine. Oui, quand il rendra son jugement contre ceux qui commettent l'iniquité, soit d'entre les anges, soit d'entre les hommes, vous y donnerez avec lui vos suffrages contre eux, parce qu'ils auront été ses ennemis. Et lorsqu'il s'en retournera dans la cité, vous l'accompagnerez au son de la trompette, et vous serez éternellement avec lui.

Or, quand ils furent près de la porte de la cité, une multitude de l'armée céleste vint au-devant d'eux.

- Ce sont ici, leur dirent les deux autres, des citoyens qui ont aimé notre Seigneur lorsqu'ils étaient dans le monde, et qui ont tout abandonné pour l'amour de son saint nom. Il nous a envoyés pour aller les recevoir, et nous les avons amenés jusqu'ici afin qu'ils puissent avoir l'entrée dans la cité, et contempler la face de leur Rédempteur avec rassasiement de joie.

Alors l'armée céleste jeta des cris de réjouissance et de triomphe, disant:

Apocalypse 19 : 9 - Et l'ange me dit : Ecris : Heureux ceux qui sont appelés au festin de noces de l'agneau ! Et il me dit : Ces paroles sont les véritables paroles de Dieu.

Ensuite quelques-uns des musiciens du Roi vinrent aussi devant d'eux, tous vêtus d'habits blancs, et faisant retentir l'air du son de leurs instruments. Tous ces gens-là saluèrent le Chrétien et l'Espérant, en leur disant: - Soyez les bienvenus! Entrez, fidèles vainqueurs, et jouissez à jamais du fruit de vos travaux.

Après cela ils les environnèrent de toutes parts; les uns marchant devant, les autres à côté, et d'autres à leur suite, comme s'ils avaient été leurs gardes du corps. Et ils les menèrent jusqu'à la porte, chantant toujours des hymnes de joie et des cantique de triomphe, de sorte qu'il semblait que le ciel même fût descendu en terre et venu au devant de ces heureux voyageurs. Ils marchaient ainsi de compagnie vers la porte, et les trompettes ne cessaient de mêler aux acclamations leurs fanfares et leur ravissante harmonie. Tout cela était accompagné de regards et de gestes qui leur faisaient bien connaître combien leur arrivée était agréable aux habitants des cieux, et avec quelle joie ils venaient les recevoir; ce qui était pour eux un surcroît de plaisir et de joie, qui reçut encore un nouvel accroissement lorsqu'ils se virent à la porte de la cité où ils allaient être introduits pour jamais.

En effet, ils y arrivèrent et lurent aussitôt cette inscription qui était au haut de la porte en lettres d'or:

Apocalypse 22 : 14 - Heureux ceux qui lavent leurs robes, afin d'avoir droit à l'arbre de vie, et d'entrer par les portes dans la ville !

Alors les messagers célestes leur ordonnèrent de heurter à la porte; ce qu'ils firent. Quelques personnes regardèrent par-dessus la muraille, savoir, Enoch, Moïse et Elie, qui, ayant appris la venue des pèlerins et l'amour qu'ils avaient pour le Roi, leur demandèrent leur témoignage et allèrent incessamment le porter au Roi, et l'informèrent de tout ce qui se passait.

Alors le Roi commanda qu'on ouvrit la porte, en disant:

Esaïe 26 : 2 - Ouvrez les portes, Laissez entrer la nation juste et fidèle.

Ils entrèrent donc dans la cité, et dès le moment même ils furent tous changés et vêtus d'habits resplendissants comme l'or. Il en vint encore plusieurs au-devant d'eux, qui leur firent la bienvenue en leur disant: - Entrez dans la joie du Seigneur!

Et après qu'on leur eut donné des harpes pour entonner les louanges du Roi, et des couronnes pour marque d'honneur, toutes les cloches de la cité commencèrent à sonner harmonieusement, comme pour marquer la joie universelle qui remplissait les coeurs. Ils ne pouvaient revenir de leur admiration, en entendant toutes ces choses et en réfléchissant à la gloire de ce lieu.

En effet, la cité était rayonnante comme le soleil; ses rues toutes pavées d'or, et ceux qui y marchaient avaient des couronnes sur la tête et des branches de palmiers en leurs mains avec des harpes d'or, pour entonner de saints cantiques. Il y avait aussi des personnes ailées qui s'entre répondaient sans cesse en criant: "Saint, Saint, Saint est l'Eternel!".

Les portes furent de nouveau fermées. Et comme j'eus vu ces choses, je souhaitai d'être aussi du nombre de ces bienheureux habitants.

36

CONCLUSION – L'IGNORANT MANQUE SON SALUT. AVERTISSEMENT AU LECTEUR

L'ignorance des hommes vis-à-vis des vérités du salut, bien loin de leur servir d'excuse, est ce qui les perd.

Après avoir donné à ces choses toute l'attention qu'elles méritent, je tournai la tête en arrière, et je vis l'Ignorant qui marchait le long du fleuve, qu'il passa assez promptement et sans avoir essuyé la moitié autant de peines que les autres; car il se trouva là un batelier, nommé l'Espérance vaine, qui le prit sur son bateau. Par ce moyen, il monta aussi bien que les deux autres tout droit vers le haut du coteau. Mais il marchait seul, et personne ne vint au-devant de lui pour l'encourager. Etant arrivé à la porte, il vit l'inscription et il se mit à heurter dans l'espérance d'être introduit dans la cité sans difficulté.

On lui demanda aussitôt d'où il venait et ce qu'il souhaitait.

- J'ai, dit-il, mangé et bu en la présence du Roi, et il a enseigné dans nos rues.

On lui demanda là-dessus son témoignage, pour le montrer au Roi. Mais, ayant fouillé dans son sein pour en chercher un et n'ayant rien su produire, il demeura tout confus. Cela fut rapporté au Roi, qui ne voulut pas seulement s'avancer pour jeter un regard sur lui; mais il commanda aux deux Rayonnants, qui avaient accompagnés le Chrétien et l'Espérant, d'y aller, de lier les pieds et les mains à l'Ignorant, et de le jeter dehors. Ce qu'ils exécutèrent immédiatement. Ils le saisirent et le portèrent à travers les airs jusqu'à une porte qui est à l'opposite de la porte du ciel, et le jetèrent dedans. Je vis par là qu'il y a plus d'une manière d'aller en enfer; et sur cela je m'éveillai. Et voilà, c'était un songe.

Ainsi, mon cher lecteur, c'est à vous maintenant de savoir si vous pouvez l'expliquer soit à vous, soit à quelqu'un de vos amis. Mais gardez-vous bien de l'interpréter en mal, car, en ce cas-là, au lieu d'en tirer de l'avantage, vous vous nuiriez, et vous vous abuseriez vous-même.

Prenez garde aussi que vous ne mettiez trop d'importance au côté extérieur de mon songe, pour en tirer quelque sujet de raillerie. Laissez faire cela aux enfants et aux fous, mais appliquez-vous à l'essentiel et à la réalité des choses. Levez le voile et portez vos yeux jusqu'au fond. Ne vous laissez pas trop éblouir par les figures du discours, mais tâchez d'y trouver des choses utile à une âme pieuse, si toutefois vous en cherchez de telles.

Si vous trouvez que j'y aie mêlé de mon cru, du bois, de la paille, du chaume, et autres choses semblables, rejetez-les hardiment, et ne mettez en réserve que l'or. Et si par hasard je l'ai couvert de boue, souvenez-vous qu'on ne néglige pas la pomme à cause des pépins, ni le blé à cause de la paille.

FIN

Copyright © 2019 par FV Éditions
ISBN 9791029907982
Tous Droits Réservés

www.ingramcontent.com/pod-product-compliance
Lightning Source LLC
LaVergne TN
LVHW042248070526
838201LV00089B/74